はじめに

　本書は、「就業規則を労働基準監督署に提出する 10 人未満の会社で活用されることを目的にしています。

　10 人未満の事業所では「就業規則の提出義務がない」のですが、「作成する必要がない」と誤解されている傾向があります。また、社員に残業をさせる際に必要な 36 協定を締結・届出していない会社も見受けられます。

　本来、始業や終業、休憩や休暇、給与の締め・支払い、雇用契約の終了などは、社員を雇用した際に、明確にしておくべき事柄です。

　「人間尊重の経営」をめざす中小企業家同友会は、「1 人でも雇用したら就業規則を作成しよう」という取組みを提唱しています。

　スタートアップの企業や、小規模な家族的経営の企業では「就業規則がない」「実態とは合っていない」ということがよくあります。一方、小規模な企業でも、働く目的や事業の目的・計画を明確にし、働く環境の向上の方向を示すことで、全社一丸となった経営を展開している事例が全国で生まれています。

　多くの企業で、職業安定所に出している求人票、既に雇用している社員の雇用契約書（労働条件通知書）等があるはずです。まずは、それらを手元に置いて、自社の実状を踏まえた就業規則をつくることから始めましょう。また、作成にあたっては、社員とともに話し合うことも大切です。

　本書では、「就業規則は難しい」と悩む経営者や、「働くルールを明確にして安心して働きたい」と願う社員のニーズに応え、「就業規則要件確認一覧表」を活用して手間なく就業規則を作成する方法を示すものです。本書が、良い働く環境づくりの第一歩を踏み出す、その一助になれば幸いです。

中小企業家同友会全国協議会（中同協）の詳細は P55 の
「中小企業家同友会（全国協議会）とは」参照

「就業規則要件確認一覧表」を活用した、就業規則作成支援ツールを無料にて提供中！右の QR コードからアクセスし、ダウンロードしてご利用ください。
または下記のサイトにアクセスの上『「働き方改革」への対応～働く環境づくり、就業規則の作成～』と表示されている箇所をマウスでクリックしてダウンロードすることも可能です。

https://www.doyu.jp/

"中小企業家同友会「就業規則要件確認一覧表」ダウンロード" で検索してもアクセスできます。

ツール：①就業規則で定める内容を選択する「就業規則要件確認一覧表」
　　　　②必要事項を入力すれば就業規則を作成することができる「就業規則入力フォーム」

本書の活用方法
－わずか3ステップで就業規則が作成できる－

STEP 1　決めるべき内容を知る！

- 労働基準法が要求している10人未満の「就業規則に準ずるもの」の作成に必要な要件を押さえる

STEP 2　社員とともに現状チェック！

- 求人票、雇用契約書（労働条件通知書）等を手元に「就業規則要件確認一覧表」で現状チェック
- 迷った部分などは、社員の意見も聴いて具体化
- わからないところは空欄のままでOK

STEP 3　必要要件とチェックありを残して整理！

- 「就業規則要件確認一覧表」のチェックありを残して整理！
- チェックや選択のない「法律上必要な制度」は慎重に検討！
- 整理した内容を清書すれば就業規則は完成。公開して運用へ

PLUS 1　定期的な見直し

- 毎年、定期的に見直しをします。
- 法律の改正、施行の際に見直しをします。

CONTENTS

本書の活用方法……2
就業規則とは何か、なぜ必要か……4

STEP 1　決めるべき内容を知る！
必ず決めるべき内容……8
社内にルールがある場合に盛り込む内容……9
任意に盛り込める内容……9

STEP 2　社員とともに現状チェック！
就業規則要件確認一覧表の使い方……10
就業規則要件確認一覧表……11
　Ⅰ　働く時間のルール……11
　Ⅱ　給与のルール……13
　Ⅲ　引退・退職のルール……15
　Ⅳ　その他のルール……15

STEP 3　整理と清書を経てついに公開！
盛り込む内容の整理と清書……20
就業規則作成例……21
公開・運用……24

PLUS 1　定期的な見直しのための項目別解説
就業規則は定期的な見直しが必要……27
見直し・レベルアップのための項目別解説……28
　Ⅰ　働く時間のルール……28
　Ⅱ　給与のルール……35
　Ⅲ　引退・退職のルール……40
　Ⅳ　その他のルール……42
運用と改正のポイント……49

まとめ……52
中小企業家同友会（全国協議会）とは……55
【巻末資料】中小企業における労使関係の見解……57
　　　　　中小企業家同友会所在地一覧……62

就業規則とは何か、なぜ必要か

> 就業規則とは…？
> 　働く上でのルールや労働条件を定めたもの

　就業規則とは、働く上でのルールや労働条件を定めたものです。
　ですから、職場で経営者と社員が安心して共に働き、信頼関係を育てるためには、なくてはならない基本的なことです。

> 就業規則はなぜ必要か…？
> ❶　ルールの明確化で、社員との信頼関係を築くため
> ❷　信頼をベースにした、全社一丸の企業づくりのため
> ❸　安心して働ける職場づくりこそ、定着率と採用力の鍵

❶　ルールの明確化で、社員との信頼関係を築くため

　人を雇用するということは、「雇用契約を結ぶ」ことです。契約には明確なルール＝就業規則が必要です。また1人でも雇用すれば労働基準法などの法律を守らねばなりません。就業規則をつくることでルールが明確になり、労使間の信頼関係の基礎となります。

❷　信頼をベースにした、全社一丸の企業づくりのため

　社員の生活を保障する就業規則を経営者が守り、責任をとる姿勢を明確にすることが信頼関係を築きます。そして、安心して働けることが社員の意欲につながり、全社一丸の経営へと進ことができます。

❸　安心して働ける職場づくりこそ、定着率と採用力の鍵

　就業規則を作成・公開し、社員が安心して働ける職場づくりをすることで定着率が向上します。その信頼関係に満ちた定着率の高い労使関係は、これからの人口減少時代において、採用力を高める魅力となります。求人面接における就業規則の説明や、自社の求人サイト上での就業規則掲載なども、採用の力になります。

STEP1
決めるべき内容を知る！

就業規則って法律の条文のようなもので
読みづらい・・・・・
社員が読んでも内容がよくわからない

何を書けばいいか、どんなことを
決めればいいかわからない・・・・・

それは誤解です！

実は、ハローワークの求人申込書で記載する内容の
ほとんどは、就業規則で決めるべき内容です。

それらは、労働基準法が要求している10人未満の
「就業規則に準ずるもの」の作成に必要な要件に
基づいて定められています。
だから、求人申込書の内容を文章化するだけで、
ほとんど就業規則はできるんです！
では、実際の求人申込書を見ながらどのくらい就業
規則の内容と重なるのかを確認してみましょう。

STEP1　決めるべき内容を知る！

このとおり、求人申込書には「働くルール」が
書かれていることがおわかりいただけたでしょうか？

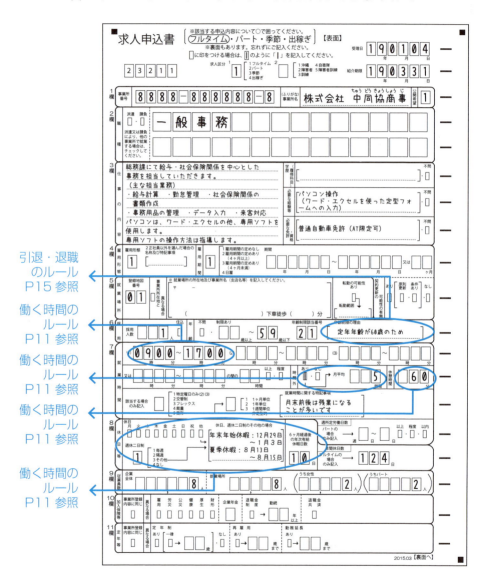

STEP1　決めるべき内容を知る！

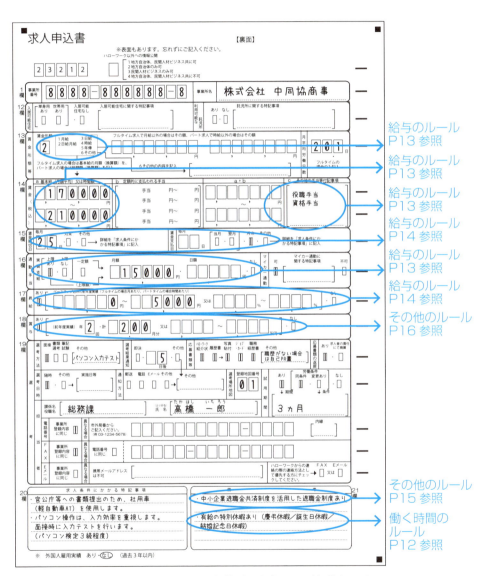

では、次に労働基準法が求める就業規則で
定めるべき項目を確認しましょう。

STEP1　決めるべき内容を知る！

■ 必ず決めるべき内容

必ず決めるべき内容	社内で話し合うこと	考え方・視点のポイント
①始業・終業時刻、休憩時間、休、休暇並びに交替制の場合には就業時転換に関する事項	①働く時間のルール ・現在の始業・終業時刻 ・休憩時間の取り方 ・有給休暇や特別休暇	**働く時間を話し合うとき** ・店や会社の営業日、開店・閉店時刻等を話し合いましょう。 ・必ずしも営業時間＝「始業、終業の時間」ではありません。シフト時間を決めることも方法です。
②賃金の決定、計算および支払方法、賃金の締切りおよび支払時期並びに昇給に関する事項	②給与のルール ・給与の締め日と支払日 ・基本給の決め方の現状（年齢、経験、資格等） ・手当の種類や額の決め方の現状（皆勤手当、資格手当、家族手当等） ・何月に給与を見直しているか	**給与を話し合うとき** ・あくまで現状を書き出すことが目的です。 ・「社員に給与をもっと払いたい」など思ったら、経営指針や経営計画等で社員とともに話し合いましょう。
③退職に関する事項（解雇の事由を含む）	③引退・退職ルール ・定年のこと ・退職の申出ルール ・辞めてもらう条件	**会社を辞めるとき** ・雇用関係は「契約関係」です。双方対等の合意のもとで契約するのがルールです。 ・定年、本人の働く意思、働くルールに合わず「契約解除」をすることがあります。

なお、就業規則に定めなくても
当然に法令が適用されて決まる内容もあります。
また、社内に次のようなルールがある場合は、
それらも盛り込みます。

STEP1　決めるべき内容を知る！

■ 社内にルールがある場合に盛り込む内容

社内にルールがある場合に決める内容	社内で話し合うこと	考え方・視点のポイント
①退職手当に関する事項 ②臨時の賃金（賞与）、最低賃金額に関する事項 ③食費、作業用品などの負担に関する事項 ④安全衛生に関する事項 ⑤職業訓練に関する事項 ⑥災害補償、業務外の傷病扶助に関する事項 ⑦表彰、制裁に関する事項 ⑧その他全労働者に適用される事項	・退職金制度がある場合 ・賞与（臨時の賃金）を支払っている場合 ・給食や作業着などを給与から控除したり、会社が費用負担をしたりしている場合 ・安全衛生について定めがある場合 ・職業訓練の制度がある場合 ・上乗せ労災保険をかけている場合 ・表彰制度、懲戒制度を決めている場合 ・その他の社員に関わる制度がある場合 これらのルールを就業規則で明確にし、社員に説明します。	・「必ず決めるべき内容」以外に、「全労働者に適用される事項」がある場合のみ記載します。 ・会社にルールがある場合のみ、記載が必要な事項です。 様々な項目が例示されていますが、左記⑧のとおり、その内容は広範にわたります。 ・①〜⑧に例示した事項以外に、採用や試用期間、人事異動、服務規律、個人情報の保護等に関するルールで、会社の必要があれば、就業規則の内容として盛り込むことができます。

■ 任意に盛り込む内容

「規則の目的」「経営理念」「行動指針」等を任意に盛り込むこともできます。
　就業規則は、経営の目的を達成するための社員の働くルールです。行動指針などを定めている会社は、企業の目的とともに最初に掲載するのも方法です。

では、就業規則づくりを始める前に、
自社ルールがどうなっているのか、現状を確認してみましょう。

STEP2
社員とともに現状チェック！

■ 就業規則要件確認一覧表の使い方

1. 自社の実状を就業規則要件確認一覧表に書き出してみましょう。
2. 自社のルールにあてはまる□に✓を入れましょう（法令の内容が当然に適用される項目には□がありません）。
   詳細なルールは空欄に書き込みます。不明な項目、未整備の項目は、実情に沿って新たにルール化しましょう。
3. ★マークが3つのものは必ず盛り込みましょう。2つもしくは1つのものは、必要に応じて盛り込みましょう。
4. ✓・書込みのない項目は盛り込む必要がないので削除し、ルール化すべきものだけ残して清書します。
5. 「法令の内容が当然に適用される項目」は慎重に検討します（仮に法令を下回る内容を定めても、その部分は無効となり法令どおりの内容が適用されます）。

条文形式でなくてもいいの!?

決まった形式のルールはありません。
読みやすさを優先して、本当に使われる
社内のルールにしましょう。

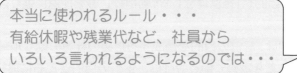

本当に使われるルール・・・
有給休暇や残業代など、社員から
いろいろ言われるようになるのでは・・・

社員が納得していきいきと働くことのできる
環境づくりは、生産性を向上させ強い会社と
なるために必要なことと考えましょう。

就業規則要件確認一覧表

表の見方
★★★　必ず決めるべき内容（絶対的必要記載事項）
★★　ルールがある場合に盛り込む内容（相対的必要記載事項）
★　任意に盛り込む内容（任意的記載事項）
黒い数字の項目　会社がルールを決める内容
青い数字の項目　法令の内容が当然に適用される内容

Ⅰ　働く時間のルール

1 ★★★ 始業 終業 休憩 （求人票）	□交替勤務なし 　始業　＿＿時＿＿分　終業　＿＿時＿＿分 　休憩　＿＿時＿＿分　～　＿＿時＿＿分 ・業務の都合により、繰上げ、繰下げをすることがあります。 □交替勤務あり（あらかじめシフト表に定めます） Ａ勤務 　始業　＿＿時＿＿分　終業　＿＿時＿＿分 　休憩　＿＿時＿＿分　～　＿＿時＿＿分 Ｂ勤務 　始業　＿＿時＿＿分　終業　＿＿時＿＿分 　休憩　＿＿時＿＿分　～　＿＿時＿＿分 ・業務の都合により、繰上げ、繰下げをすることがあります。	始業・終業時刻、休憩時間、休日を明記。 交替勤務をしている場合は、シフトの始業、終業時刻、休憩時間をシフト表に表示する。
2 ★★★ 休日 （求人票）	□交替勤務なし □土曜日 □日曜日 □＿＿曜日 □国民の祝日・休日 □年末年始（12月＿＿日～1月＿＿日） □夏季休暇（＿＿月＿＿日～＿＿月＿＿日） □その他会社が指定する日 　（＿＿月＿＿日、＿＿月＿＿日、＿＿月＿＿日） □交替勤務あり ・休日は次に掲げる日の他、あらかじめシフト表に定めます。	少なくとも1週1日以上の休日は義務。1週の所定労働時間が40時間以内になるよう記載。

STEP2　社員とともに現状チェック！

	□土曜日 □日曜日 □＿＿曜日 □国民の祝日・休日 □年末年始（12月＿＿日〜1月＿＿日） □夏期休暇（＿＿月＿＿日〜＿＿月＿＿日） □その他会社が指定する日	交替勤務をしている場合は、シフト表の休日の決め方の基準を記載。
3 ★★★ 時間外・休日労働 （求人票）	□法定時間外・法定休日労働なし □法定時間外・法定休日労働あり ・36協定の範囲内とします。 ・法令の定めによる一定の社員は除きます。	時間外労働と休日労働の有無を記載。1分でも時間外労働をするなら36協定が必要（P29参照）。
4 ★★★ 年次有給休暇の発生要件と日数	□要件を満たした場合、法定の時期に次の日数を与えます。 | 勤続 | 0.5年 | 1.5年 | 2.5年 | 3.5年 | 4.5年 | 5.5年 | 6.5年〜 | | 日数 | 日 | 日 | 日 | 日 | 日 | 日 | 日 | □毎年＿＿月に次の日数を与えます。入社初年度は＿＿月に1年次の有給休暇を与えます。 | 勤続 | 1年次 | 2年次 | 3年次 | 4年次 | 5年次 | 6年次 | 7年次 | | 日数 | 日 | 日 | 日 | 日 | 日 | 日 | 日 |	有給休暇は、雇入れから6カ月継続勤務し、8割以上出勤で発生。以降1年ごとに増加する法定日数以上を記載（P30参照）。
5 ★★★ 年次有給休暇の取得	・有給休暇が年に10日以上付与される社員は、年5日は取得時季を計画して取得できるようにする。	年間5日以上、計画的に取得することを記載。
6 ★★★ 特別休暇	□社員本人の結婚式のために必要な期間 　□有給　□無給 □親族の葬儀のために必要な期間 　□有給　□無給 ・生理により就業が著しく困難な期間 □有給　□無給	4・5の有給休暇以外に独自に定める休暇制度があれば記載。

	・災害、交通遮断等で出勤不可能な期間 　□有給　□無給 ・裁判員その他公民権のため必要な期間 　□有給　□無給 □その他会社が認めた期間 　給与の有無は、都度定めます。	ない場合は記載不要。
7 ★★★ 母性健康管理	・妊産婦が申し出たときは、保健指導・健康診断を受ける時間を与えます。 　□有給　□無給 ・妊産婦が医師の指導を受け申し出たときは、時差出勤・休憩延長・作業軽減・勤務時間短縮・休業等 の措置を行います。 　□有給　□無給	必ずしも記載は必要でないが、必要とする社員がいる場合は記載する。
8 ★★★ 産前産後休暇	・産前6週間（多胎妊娠14週間）以内の女性社員が請求したときと、産後8週間以内の女性社員には産前産後休業をさせます。 ・産前産後休業期間中は無給とします。	法律上の義務により明記が必要。
9 ★★★ 育児・介護休業等	・育児・介護のため必要がある社員は、育児・介護休業、看護・介護休暇、所定外労働時間の制限、時間外労働・深夜業の制限、短時間勤務等の適用を受けることができます。 ・取扱いについては法令の定めによります。 □育児・介護休業の期間は無給とし、それ以外の期間は有給とします。 □育児・介護休業等の期間は無給とします。	法律上の義務により明記が必要。初めて就業規則を作成する場合は「法令の定めによる」と記載してもよい。
10 ★★★ 育児時間	・1歳未満の子を養育する女性社員が申し出たときは、1日に2回、1回30分の育児時間を与えます。 　□有給　□無給	法律上の義務により明記が必要。
Ⅱ　給与のルール		
11 ★★★ 給与・手当の種類	・基本給（□月給・□日給月給・□日給・□時間給） □通勤手当 □役職手当 　部長_____円、課長_____円、主任_____円 □扶養手当 　子1人_____円（上限_____円）	基本給、各種手当の意味と対象者、支給基準を明確にする。

STEP2　社員とともに現状チェック！

（求人票）	□資格手当 　資格名＿＿＿＿円、資格名＿＿＿＿円 　（その他、実態に応じて書き出します）	
12 ★★★ 給与の 決定方法	□職務内容、役割、成績評価により決定します。 □職務内容、役割、能力、勤続年数、年齢により決定します。	役割や責任、勤続年数等がどう関連するかを明確にする。
13 ★★★ 給与の 計算方法	□日割・時間割計算は1カ月の所定労働日数・時間により計算します。 □日割・時間割計算は1カ月の年間平均所定労働日数・時間により計算します。 ・割増賃金は法定の割増率で支払います。	欠勤控除や割増賃金など、自社の計算方法を明確にする。
14 ★★★ 給与の 締めと 支払日 （求人票）	・毎月＿＿＿日締め □当月＿＿＿日払い　□翌月＿＿＿日払い ・支払日が休日のときは、前日に繰り上げて支払います。 ・法令に定める非常時には、その日までの給与を日割り計算で支払います。	給与の締日、支払日を明確にする。
15 ★★★ 給与の 支払方法	・本人に通貨で直接全額を支払うことが原則ですが、本人の同意により、金融機関の本人名義の口座に振り込みます。	給与の支払方法を明確にする。
16 ★★★ 給与から の控除	・源泉所得税、住民税、社会保険料、雇用保険料は控除します。 □その他、労使協定に定める下記を控除します。 ＿＿＿＿＿＿＿＿＿＿＿＿＿＿＿＿＿＿＿＿＿＿＿＿＿	給与の総支給額から差し引くものを記載する。
17 ★★★ 給与の改定 の時期	・年＿＿回＿＿月に昇給します。昇給できるように年間目標の達成をしましょう。 □評価対象期間は＿＿月から＿＿月とします。 □業績の低下等やむを得ないときは昇給しないことがあります。 □特に必要な場合には、臨時に昇給することがあります。	昇給をいつするか、どのような過程を経て行うのかを明らかにする。

STEP2　社員とともに現状チェック！

Ⅲ　引退・退職のルール		
18 ★★★ 退　職	・自己都合で退職する際は＿＿前に申し出るようにしてください。 ・14日を超えて欠勤し本人と連絡がとれないときは、初日に退職の申出があったものとします。 ・定年、契約期間満了は、退職とします。 ・休職期間満了で復職できないときは、満了の日に退職とします。 ・死亡したときは退職とします。 ・役員に就任したときは退職とします。	社員が退職となる場面と、どのような手順で退職するかを明記する。
19 ★★★ 定　年 （求人票）	・定年は＿＿歳とします。 　定年後、希望者は＿＿歳を限度に再雇用します。ただし、健康上の理由で就労が困難な者、懲戒処分に該当する者は対象外とします。	定年と再雇用の基準を定める。
20 ★★★ 解　雇	・次のときは解雇とします。 □勤務成績や勤務状況が著しく不良で、改善の見込みがなく、就業に適さないとき。 □心身の障害等により、業務に耐えられないとき。 □試用期間中の能力、勤務態度が著しく不良で社員に適さないとき。 □懲戒解雇に該当するとき。 □やむを得ず事業の縮小、部門の閉鎖等をするときで、他の業務への転換が困難なとき。 ・その他やむを得ない事由があったとき。 ・解雇の際には30日前までに予告するか、解雇予告手当を支払います（労働基準監督署長の認定を受けた懲戒解雇を除く）。	解雇の理由などを明確にする。
Ⅳ　その他のルール		
21 ★★ 退職金 （求人票）	□退職金なし □勤続＿＿年以上の社員が退職したときは退職金を支給します。ただし、懲戒解雇に該当するときと、定年後に再雇用された者は除きます。 ・退職金は、退職から＿＿月以内に勤続年数に応じて、定める額を支給します。 （注）別表など額が算出できる定めが別途必要	制度がない場合は「なし」を選択。制度がある場合は、支給額や支払時期、支払方法等を明記。

STEP2 社員とともに現状チェック！

	□在職中に特に功績があった社員に対して、功労金を支給することがあります。 ・功労金は退職から＿＿＿以内に、各人別に会社が決定した額を支給します。	
22 ★★ 賞　与 （求人票）	□賞与なし □賞与は毎年＿＿＿月、＿＿＿月に在籍している社員に、会社の業績と各人の貢献度に応じて支払います。 ・中途入社の社員の取扱い □期間に応じて支給します。□支給しません。 □賞与は毎年＿＿＿月、＿＿＿月に在籍している社員に、原則として基本給の＿＿＿＿＿カ月分を基準として支給します。 ・中途入社の社員の取扱い □期間に応じて支給します。□支給しません。	制度がない場合は「なし」を選択。制度がある場合は、支給額の決定方法、支給時期等を明記する。
23 ★★ 社員の 費用負担	□社員の費用負担なし □次の費用については、全部または一部を社員の自己負担とします。 ・＿＿＿＿＿＿＿の費用　□全部　□一部	社員に食費、作業用品代その他の負担をさせる場合、その内容等を明記。
24 ★★ 安全衛生	・会社は社員の安全衛生のため必要な措置を行います。社員は安全衛生に関する会社の指示や法令をよく守ってください。 ・会社は雇入れ時、配置換え等の際にその業務に必要な安全衛生教育を行います。 ・業務災害や通勤災害があったときは、労働基準法や労働者災害補償保険法の定めにより保障します。	定めがある場合は、明記する。
25 ★★ 健康診断	・採用の際と毎年1回、健康診断を行います。社員は必ず健康診断を受け、結果を会社に提出しなければなりません。（自身で3カ月以内に受けた健康診断結果を提出した場合を除く。） ・必要ある者については、6カ月に1回、または本人の申出により臨時で健康診断を受けさせることがあります。	年1回の健康診断実施は法令上の義務なので、実施することを明記する。

項目	内容	備考
26 ★★ 社員教育	□社員教育制度は特になし □・会社は社員に必要な教育を受けさせることがあります。必要な費用は会社が負担します。 □・会社が有用と認める資格については、実費を上限に資格取得費用を補助することがあります。	制度がない場合は「なし」を選択。制度がある場合は、内容、対象、費用等を明記する。
27 ★★ 休　職	□休職制度は特になし □社員が私傷病により長期に欠勤するときは休職することができます。 □在職___年未満_____カ月 □在職___年以上_____カ月 □在職___年以上_____カ月 ・その他会社が必要と認めるときは、必要な期間休職することができます。 □同一の理由で___月以内に休職を繰り返したときは、休職期間を通算します。 ・休職期間が満了しても復職できないときは退職となります。	制度がない場合は「なし」を選択。制度がある場合は、要件や期間等を明記する。
28 ★★ 表　彰	□表彰制度は特になし □特に業績の向上に貢献したとき、他の社員の模範となる行動をしたとき、永年良好に勤続したとき等には表彰を行うことがあります。 ・表彰は_____の際に行い、賞状や記念品等を授与することがあります。	制度がない場合は「なし」を選択。表彰を行う場合は、対象、時期等を明記する。
29 ★★ 懲戒処分の種類	□懲戒処分は特になし □懲戒は情状に応じ、次の区分で行います。 ①　訓戒…始末書を提出させ将来を戒めます。 ②　減給…始末書を提出させ、1回につき平均給与1日分の半額、総額が1カ月の給与総額の1割を超えない範囲で減給します。 ③　出勤停止…始末書を提出させ、___日間を限	処分を行わない場合は「なし」を選択。処分を行う場合は、種類、内容等を明記する。

STEP2　社員とともに現状チェック！

		度とし出勤を停止し、その間の給与は支給しません。 ④　降格…始末書を提出させ、職制上の地位を免じて下位等級へ降格します。 ⑤　諭旨退職…退職願の提出を勧告し、指定期日までに提出がない場合は懲戒解雇とします。 ⑥　懲戒解雇…即時解雇します。労働基準監督署長の認定を受けたときは解雇予告手当を支給しません。	
30　★★ 懲戒処分の事由		□懲戒処分は特になし □次のいずれかに該当したときは懲戒処分を行います。 ①　正当な理由なく、遅刻、早退、私用外出または欠勤したとき。 ②　正当な理由なく職務上の義務に反して職務を怠ったとき。 ③　勤務に関する手続きまたは届出を怠り、または不正な行為をしたとき。 ④　過失により会社に損害を与えたとき。 ⑤　素行不良により会社に損害を与えたとき。 ⑥　パワハラ、セクハラ、マタハラその他ハラスメントにより就業環境を害することを行った場合で、その情状が軽いとき。 ⑦　この規則に違反し、または前各号に準ずる不都合な行為があったとき。 □次のいずれかに該当したときは懲戒解雇とします。ただし、情状によっては諭旨退職にとどめることがあります。 ①　重要な経歴を詐称して雇用されたとき。 ②　正当な理由なく無断でしばしば遅刻、早退、私用外出または欠勤を繰り返し、複数回の注意を受けても改めなかったとき。 ③　正当な理由なく、しばしば業務上の指示・命令に従わなかったとき。 ④　故意または重大な過失により会社に多大な損害を与えたとき。 ⑤　複数回にわたり懲戒を受けたにもかかわらず、	懲戒処分の対象となる社員の行為等を列挙する。特に、懲戒解雇をする場合は具体的に列挙する。

		勤務態度等に改善の見込みがないとき。 ⑥ パワハラ、セクハラ、マタハラその他ハラスメントにより就業環境を害することを行ったとき。 ⑦ 犯罪行為または不正、不当な行為により会社の名誉、信用もしくは風紀を著しく傷つけたとき。 ⑧ 正当な理由なく会社の重要な秘密、個人情報または特定個人情報を外部に漏洩し、会社に損害を与え、または業務の正常な運営を阻害したとき。 ⑨ その他前各号に準ずる不適切な行為があったとき。 □上司が必要な措置を怠り、社員が懲戒処分を受けたときは、上司もその責任と情状に応じて懲戒処分することがあります。	
	31 ★ 変更履歴	① この規則は＿＿＿年＿＿月＿＿日より施行します。 ② この規則は＿＿＿年＿＿月＿＿日より○○○を一部改正し施行します。	担当者が変わっても、どんな見直しをしたかがわかるのであると便利。
	32 ★ その他の事項	・「規則の目的」「経営理念」「行動指針」など	就業規則を定める目的等を考えて記載する。P21のように冒頭に記載してもよい。

STEP 3
整理と清書を経てついに公開！

■ 盛り込む内容の整理と清書

1. 「就業規則要件確認一覧表」に✓・書込みがある内容のみを残して整理し、清書しましょう。
2. 「法令の内容が当然に適用される制度」は慎重に検討。
3. 整理した内容を清書すれば、就業規則は完成。公開して運用へ。

「就業規則要件確認一覧表」を整理し、就業規則を清書しましょう。

就業規則の完成イメージは、次ページのとおりです。よくある条文形式ではなく必要なことを簡潔に箇条書きで表した表形式ですが、法令に「就業規則は条文形式でなければならない」との定めはありません。内容が明確にわかり、社内でルールを共有することができればよいのです。

清書にあたっては、次の2点に注意してください。

❶ 現状を書き表すこと

基本原則は、「現状を書き表すこと」です。書き出すと「もう少し良い条件で書きたい」と思いがちですが、会社の力量に相応して定まる労働条件ですから、出来もしないことを書いてはいけません。良くしたい条件があれば、現状を書き表した後に定期的に見直しをし、事業の前進と併せて改定することが大切です。

❷ 「PLUS 1 定期的な見直しのための項目別解説」でチェック

「現状」が「最低賃金よりも安い給与」など、法律で定められた基準に満たない場合は、改善が必要です。清書後にP28からの「見直し・レベルアップのための項目別解説」を参照し、改善が必要な条件の有無をチェックすることをおすすめします。

また、専門家の知恵を借りることも大切です。「相談先がわからない」という場合は、最寄りの中小企業家同友会までご連絡ください。

就業規則作成例

当社の経営理念

私たちの会社の経営理念は「光は我が社から」。
24年の創業以来、お客さま・取引先さま・地域の皆さまに安心と幸せをお届けしています。
お客さまの「困った」を解決するために、お客さまの安心を考え、できるサービスを増やし自分たちを磨き続けています。

I　働く時間のルール

始業・終業時刻	始業：9時00分　終業：17時00分
休憩時間	12時00分～13時00分
休日	・土・日曜日、国民の祝祭日 ・年末年始：12月29日～1月3日 ・夏季休暇：8月13日～8月15日
時間外・休日労働	・法定時間外・法定休日労働あり。 ・割増給与支給。 ・時間は36協定の範囲内とします。 ・法令の定めによる一定の社員は除きます。
年次有給休暇	・正社員 | 勤続 | 0.5年 | 1.5年 | 2.5年 | 3.5年 | 4.5年 | 5.5年 | 6.5年～ | |---|---|---|---|---|---|---|---| | 日数 | 10日 | 11日 | 12日 | 14日 | 16日 | 18日 | 20日 | ・パートタイマー（週4日、30時間未満の場合） | 勤続 | 0.5年 | 1.5年 | 2.5年 | 3.5年 | 4.5年 | 5.5年 | 6.5年～ | |---|---|---|---|---|---|---|---| | 日数 | 7日 | 8日 | 9日 | 10日 | 12日 | 13日 | 15日 | ・10日以上付与される者は、年間5日分の有給休暇を計画的に取得します。
その他の「休み」に関するルール	・親族の葬儀：原則2日（有給） ・本人の結婚：5日（有給） ・誕生日：1日（有給） ・結婚記念日：1日（有給） ・生理で就業が著しく困難な期間（無給） ・災害、交通遮断等による出勤不能期間（無給） ・産前産後休暇：法令に定める期間（無給） ・育児介護休業：法令に定める期間（無給）

	・復帰後に改定します。 ・その他、母性健康管理などの時間は与えますが、その時間は無給とします。
Ⅱ　給与のルール	
基本給の決め方	・社員：月給制　・パートタイマー：時給制 ・金額は、在職期間と仕事の習熟度に応じて話し合いの上決めます。
締日と支払日	・締日：毎月25日　・支払日：当月末日
手当の種類	・役職手当（課長3万円、課長補佐2万円、係長1万円） ・指定資格手当（1つにつき3,000円） ・通勤手当（実費）
手当の決め方	・毎年7月に定期的に見直します。途中で条件が合えば変更します。
給与見直しの時期	・毎年7月に定期的に見直します。
その他	・社員指定の口座に振り込みます。 ・源泉所得税、住民税、社会保険料等はあらかじめ控除して支払います。
Ⅲ　引退・退職のルール	
定　年	・60歳。その後、勤務希望があれば、再雇用します。
退職申出のルール	・30日前に申出の上、業務引継ぎをしてください。
辞めてもらう条件	・勤務成績や勤務状況が著しく不良で、改善の見込みがなく、就業に適さないとき。 ・心身の障害等により、業務に耐えられないとき。 ・試用期間中の能力、勤務態度が著しく不良で社員に適さないとき。 ・懲戒解雇に該当するとき。 ・やむを得ず事業の縮小、部門の閉鎖等をするとき。
Ⅳ　その他のルール	
退職金	・会社が社員ごとに中小企業退職金共済に毎月掛金を拠出し、その積立分を退職金として支給します。 ・掛金の額は、職位等に応じて定まった額とします。
賞　与	・8月支給（在籍評価期間：12月～5月）

	12月支給（在籍評価期間：6月〜11月） ・中途採用者は、在職期間に応じた額を支給
費用負担	・社員の費用負担なし
安全衛生	・雇入れ時、配置換え等の際にその業務に必要な安全衛生教育を行います。 ・毎年1回健康診断を行います。
職業訓練	・業務に必要な資格取得を支援します。 ・月1回の業務研修を所定労働時間内に実施します。
上乗せ労災保険	・会社は、損害保険契約を締結し、社員の業務上負傷・疾病等に対する上積補償を行います。 ・上積補償を行った場合、会社は、補償の価額を限度として同一の事由に基づく民法の損害賠償の責を免れます。
表彰制度	・決算後の方針会議の際に表彰します。 ・在職1年、5年、10年の者を表彰します。
懲　　戒	・懲戒は情状に応じ、次の区分で行います。 　（訓戒、降格、諭旨退職、懲戒解雇） ・懲戒解雇の要件 　　故意または重大な過失により会社に多大な損害を与えたとき。 　　複数回にわたり懲戒を受けたにもかかわらず、改善の見込みがないとき。 　　パワハラ、セクハラなど、就業環境を害することを行ったとき。 　　犯罪行為または不正、不当な行為により会社の名誉、信用もしくは風紀を著しく傷つけたとき。 　　正当な理由なく会社の重要な秘密、個人情報または特定個人情報を外部に漏洩し会社に損害を与えたとき。
その他の社員に関する事項	・社員が私傷病により長期間欠勤するときは休職することができます。期間満了時には、期間を延長することもあります。 ・在職　1年未満　　　　　　　2カ月 ・在職　1年以上5年未満　　　6カ月 ・在職　5年以上　　　　　　12カ月
施 行 日	20○○年○月○日より適用します。

STEP3　整理と清書を経てついに公開！

■公開・運用

いよいよ公開・運用の段階です。ここでのポイントは3つです。

1．公開し、絶えず社員の意見を「聴く」

　就業規則は、「社長の机の中」にしまっていても生きたものにはなりません。「全員に配付する」「教育テキストにする」など、少人数の会社ならではの公開をしましょう。
　また、「聴く」ことが大切です。「聞く」のではありません。耳だけでなく、社員との日常を目と体感を通して感じる経営者の姿勢が大切です。自分たちが働く環境をどのようにしたいか、その実現のためには何が必要かを考え、自主性を育てる契機となります。

2．雇入れ時に「雇用契約書」とともに手渡す

　雇用契約は、社員と結ぶ根本的な約束事です。互いの信頼関係を育てるため、「雇用契約書」とともに就業規則を手渡します。「雇用契約書」には、就業規則には記載できない各人の契約期間や就業場所、業務内容、給与額等が明示され、就業規則とセットで各人の労働条件を示します（サンプルはP25参照）。

3．時間外・休日労働をする場合は、36協定の締結・届出も必要

　1人でも社員がいて1分でも時間外労働をする場合は、36協定の締結・届出が必要です。就業規則を作成し「所定労働時間」が明確になったら、忘れずに内容を見直しましょう。
　社員代表を適正に選出し、内容をきちんと説明して記名押印をしてもらいましょう（サンプルはP29参照）。

雇用契約書

フリガナ 本人氏名	ｽｽﾞｷ ﾀﾛｳ 鈴木 太郎　　　　　㊚・女　　1996年10月8日生		
雇用期間	□　　年　月　日から　　年　月　日まで ☑ 2019年3月1日から（試用期間3カ月）		
就業の場所	本社		
業務の内容	給与計算・社会保険手続を中心とした総務の業務		
始業・終業 の時刻、 休憩時間	始業9時00分　終業17時00分　休憩12時から 60分 業務の都合により変更することがある。		
休　日	日曜、祝日、土曜、年末年始、夏季休暇 業務の都合により振り替えることがある。		
休　暇	就業規則のとおり。		
給　与	① 基本給：170,000円（時給・日額・㊤額） ② 諸手当：（　）手当　　円（時給・日額・月額） 　　　　　（　）手当　　円（時給・日額・月額） 　　　　　通勤手当　　円（日額・月額、月額　　円限度） ③ 時間外割増率：給与規程のとおり ④ 締切日：毎月25日、支払日：当月末日、支払方法：本人口座振込み ⑤ 給与改定：年1回、7月に改定することがある。 ⑥ 賞与：□なし　☑あり（7月、12月） ⑦ 退職金：□なし　☑あり（退職金規程による）		
社会保険等	労災保険：㊲・無　雇用保険：㊲・無　健康保険：㊲・無　厚生年金保険：㊲・無		
退職等	① 定年、退職、解雇および懲戒等については就業規則のとおり。 ② 退職するときは30日前までに届け出るものとする。		
雇用期間 定めあり の場合	□契約更新する場合は、次により判断する。 　①雇用期間満了時の業務量　②従事している仕事の進捗状況 　③本人の勤務成績、勤務態度　④本人の能力、健康状態 　⑤会社の経営状況　⑥定年後再雇用の場合は再雇用対象者基準 □契約更新はしない。		
その他	① 本人は、会社の方針、諸規定および指示を誠実に実施するものとする。 ② この契約書に定めるほかは就業規則その他規定による。 ③ 相談窓口は総務課とする。		

上記の雇用条件に基づき契約する。
　2019年3月1日
　　　　　所在地　〇県〇市〇町〇丁目〇番〇号
　　会社　名　称　株式会社中同協商事
　　　　　職氏名　代表取締役　斉藤次郎　　　　　　印（代表印）
　　本人　住　所　〇県〇市〇町〇丁目〇番〇号
　　　　　氏　名（自署）　鈴木太郎　　　　　　　　印（鈴木）

STEP3　整理と清書を経てついに公開！

(正社員用)

2019年　3月　1日

労働条件通知書兼雇用契約書

従業員番号　○○○
氏　名　鈴木太郎

次の労働条件によって雇用契約を締結します。

雇用期間	期間の定めなし	雇入れ日	2019年　3月　1日
		正社員転換日	年　月　日
試用期間	□なし　☑あり（2019年 3月 1日　～　2019年 5月 31日）		
有期雇用特別措置法による特例の対象者の場合	無期転換申込権が発生しない期間：Ⅰ（高度専門）・Ⅱ（定年後の高齢者） Ⅰ　特定有期業務の開始から完了までの期間（　年　ヵ月（上限10年）） Ⅱ　定年後引き続いて雇用されている期間		
就業の場所	本社		
仕事の内容	給与計算・社会保険手続を中心とした総務の業務 有期雇用特別措置法による特例の対象者（高度専門）の場合	特定有期業務： 開始日：　　年　月　日 完了日：　　年　月　日	
就業時間および休憩時間（原則）	始業　午前9時○○分　終業　午後5時○○分 休憩時間　午後○時○○分～午後1時○○分 ・1日8時間、1週40時間勤務 ・業務の都合上、上記以外の勤務時間でお願いすることもあります。 　この場合は、事前にお知らせします。		
所定時間外労働および休日労働の有無	所定時間外労働　□なし　☑あり（約5時間／月） 休日労働　☑なし　□あり（約　日／月）		
休日	土・日曜日及び祝祭日、年末年始、夏季休暇		
休暇	年次有給休暇（法定）		
退職に関する事項	・定年60歳／　勤続雇用制度　□なし　☑あり ・その他の退職・解雇については就業規則による		

賃金	基本給	170,000円（□完全月給　□月給日給　☑日給月給　□時給）					
	固定残業代	円（　時間分）					
	通勤手当						
	割増賃金率	所定時間外	法定内	0%	法定超	25%	深夜　25%
		休日	法定休日	35%	法定外休日	25%	
	締切日	毎月25日締切	支払日	☑当月　□翌月　末日支払			
	賞与	□なし　☑あり	昇給	□なし　☑あり			
	退職金	□なし　☑あり					
その他	・社会保険の加入状況　☑健康保険　☑厚生年金 　　（社会保険は入社翌月の給料より徴収する） ・雇用保険の適用　□なし　☑あり ・以下は、「契約期間」について「期間の定めあり」とした場合についての説明です。 　労働契約法第18条の規定により、有期労働契約（平成25年4月1日以降に開始するもの）の契約期間が通算5年を超える場合には、労働契約の末日までに労働者から申込みをすることにより、当該労働契約の期間の末日の翌日から期間の定めのない労働契約に転換されます。ただし、有期雇用特別措置法による特例の対象となる場合は、この「5年」という期間は、本通知書の「契約期間」欄に明示したとおりとなります。						

本契約書は、2通作成し、双方が各1通を保管する。

使用者　所在地　○県○市○町○丁目○番○号
　　　　名　称　株式会社中同協商事
　　　　職氏名　代表取締役　斉藤次郎　　　　　　　　　印

従業員　住　所　○県○市○町○丁目○番○号
　　　　氏　名　鈴木太郎　　　　　　　　　　　　　　印

PLUS 1　定期的な見直しのための項目別解説

■就業規則は定期的な見直しが必要

> ・毎年、定期的に見直しをします。
> ・労働関係法令の改正、施行の際に見直しをします。

　就業規則は、一度作成したら終わりではなく、定期的な見直しが必要です。最適なルールを決めたと思っていても、実際に直面しなければ想像がつかないことや、どちらを選べばよいかわからないことも出てくるからです。また、社内の変化や法令の改正によって一旦定めたルールが最適なものではなくなることもあるからです。

　見直す際は、どうあるべきかを踏まえて、どうしたいか、社員とも話し合いながら決定していきましょう。小さな会社では財務的な力量などの制約から「できないこと」があるのも事実です。「今はできないが、将来的には導入したい制度」などは、社員に方針を示し、計画を立てて確実に見直していきましょう。

　以下では、重要なポイントが理解できるよう法令上の要点を解説するとともに、見直す際のヒントを解説します。項目の重要度に応じた数の星マークと見直す際のヒントを示していますので、重要度の高いものから読み進めるとよいでしょう。

```
★★★          必ず決めるべき内容（絶対的必要記載事項）
 ★★           ルールがある場合に盛り込む内容（相対的必要記載事項）
  ★           任意に盛り込める内容（任意的記載事項）
黒い数字の項目  会社がルールを決める内容
青い数字の項目  法令の内容が当然に適用される内容
💡!            見直しのヒント
```

■ 見直し・レベルアップのための項目別解説

Ⅰ　働く時間のルール

① 始業・終業・休憩時間・就業時転換　★★★

　通常、勤務時間の上限は1日8時間、1週40時間までです（10人未満で一定業種の事業所においては1週44時間まで可）。

　業務の都合により始業・終業時刻を変更することがあるときには、その旨を記載しましょう。

　休憩時間は、実労働時間が6時間を超えるときは45分、8時間を超えるときは60分以上、自由に使えるようにしなければなりません。

　交替勤務を行う際には、各シフトの始業・終業時刻、休憩時間を明確にし、どのように定めるのかを記載する必要があります。

> 💡！
> 　働く時間の時短は、社員にとって切実な関心事です。1日、1週の所定労働時間の見直しをしてみましょう。

② 休　日　★★★

　休日の日数は、少なくとも1週に1日以上、1週の所定労働時間が40時間以内になるように設定する必要があります。

> 💡！
> 　年間休日カレンダーを作成し、休日を増やす方策を検討しましょう。

③ 時間外および休日労働等　★★★

　所定労働時間、所定出勤日を定めることは必須です。その上で、時間外労働と休日労働を明確にしましょう。

　社員に法定外の時間外労働、休日労働を行わせるときには、社員代表者と労使協定（36協定）を結び、年1回、次の「時間外労働・休日労働に関す

る協定届」を労働基準監督署に届け出る必要があります（中小企業が2020年3月31日までの３６協定を次の様式で届け出る場合、チェックボックスへのチェックは不要とされています）。

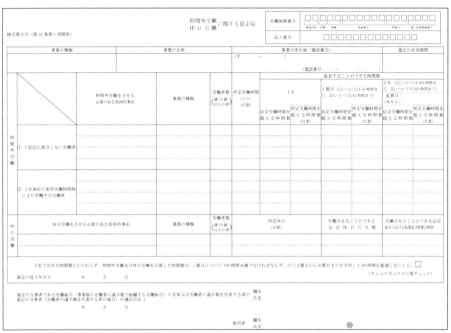

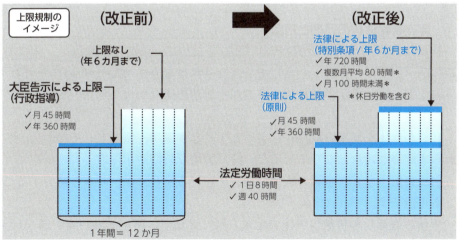

PLUS 1　定期的な見直しのための項目別解説

> 💡
> 　働き方改革法の成立で、長時間残業の対策は不可欠となりました。
> 　長時間の残業は社員の疲弊を招き、健康面にも悪影響を与えます。
> 　また、社員の採用・定着のためにも、残業時間の削減に取り組む必要があります。
> 　労働時間管理で見えてくる残業の原因を、具体的に解決しましょう。
> 　適正納期、適正な生産計画、業務の見える化、効率化、多能工化等、生産性の向上、働く社員の増員などに取り組みましょう。
> ①　タイムカードなどで客観的に始業・終業時刻、休憩時間を確認しましょう。
> ②　所定の時間を超えて残業時間が発生しているときは、適正に残業時間として計算することを定め、実行しましょう。
> ③　時間シフト制や出勤日シフト制で対応する場合は、交替勤務であること、シフト表をどのように定めるのかを記載します。
> ④　変形労働制や、フレックスタイム制を採用する際は別の定めと労使協定が必要になりますので、十分に制度を理解して導入・運用するようにしてください。
> ⑤　前もって近接する別の日を休日にする振替休日も方策です。振替できない場合は、適正に残業手当を支払いましょう。

④　年次有給休暇の時期と日数　★★★

　社員には採用から6カ月後、以降1年ごとに、法定の日数以上、年次有給休暇（以下、「年休」という）を与えなければなりません（付与）。ただし、休職などにより所定労働日数の8割以上勤務出来なかった場合、与えないこともできます。

　社員が年休を使用（取得）しようとするときには、原則として理由にかかわらず認めなければなりませんが、特に繁忙な時期や年休取得者の重複による欠員の集中など、事業の正常な運営を妨げる場合には、時季を変更することも可能です。

　年休の最低付与日数は法律で定められています。所定労働時間が週30時

間未満で所定労働日数が通常の社員より少ない方は、「比例付与」という方式で最低付与日数が定められていますので、一度確認しておきましょう。

　また、年休の管理を簡略化するため、新入社員でも有給休暇が取れるように全社員一斉に付与したり、付与日を前倒したりする制度を導入している会社もあります。

> 　有給休暇は、週休日とは別に、給与の保障された休暇を付与することで、社員の心身のリフレッシュを図ることを目的としています。
> 　有給休暇を有効に活用すれば、休息やリフレッシュ、プライベートの充実、新たな経験の機会等、多くのプラス効果が期待できます。
> 　この目的を社員に説明することは、社員教育でもあります。

5 年次有給休暇の取得　★★★

　年10日以上の年休を与える社員については、あらかじめ年休取得計画表を作成するなどして、年5日間の取得時季を定める必要があります。また、会社には年休の管理簿を作成する義務もあります。

　年休の取得については、就業規則への記載による半日単位の取得や、労使協定による時間単位の取得も可能です。ただし、時間単位の取得については、「年5日」の取得分にはカウント出来ないので注意しましょう。

　年休の取得率の向上は、社員の関心も高くなっています。年休を取得しやすい社風づくりに取り組むと良いでしょう。

年休取得計画表兼管理簿の例

氏　名	保有日数	付与日			4月	5月
	3月1日時点	新規付与日数				
鈴木太郎	10日	3月　1日	取得予定日		日	日
		10日	取得日		日	日
(19年3月1日入社)		(繰越予定日数0日)	残日数		日	日

> 💡!
> 年休は「5日の取得が出来ればよい」ということではなく、100%取得を目標にするなども大切です。

6 特別休暇 ★★★

年休以外に特別に休暇を取る権利を認めることがあります。冠婚葬祭時などの慶弔休暇の定めは、代表的なものです。

どのような場合に特別休暇とするか、また、有給とするか無給とするかは会社の任意です。特別休暇制度を定めた場合は、必ず明示しておく必要があります。

> 💡!
> ① 震災などの天災や交通機関の遮断などの場合の休暇
> ② 生理休暇（生理日の就業が著しく困難な女性が休暇を請求したときは、就業させてはならないとされています）
> ③ 選挙の投票や裁判員に選出された場合など、公民権を行使するための休暇
> これらを休暇制度として定めるには、就業規則への記載が必要です。

7 母性健康管理 ★★

会社は、妊娠中または出産後の女性社員の健康のため、必要に応じて母性健康管理措置を講じる必要があります。

内容は、主に保健指導などを受けるための通院時間の確保と、医師の指導に基づく勤務時間の短縮等の措置です。

> 💡!
> この制度は就業規則の中に規定を設けなくても、実際に講ずる業務が生じたときにはじめて対応するということも可能です。
> しかし、あらかじめ、その具体的な取扱いや手続きについて就業規則に規定しておくと、特に女性社員には安心されます。

8 産前産後休業 ★★★

　法律上、出産予定日前6週間以内（多胎妊娠の場合14週間）の女性社員から請求があった場合には、休業させる必要があります。

　また、産後8週間以内の女性社員については、必ず休業させなければなりません。ただし、産後8週間以内であっても、産後6週間経過後に本人が請求し、医師が認めた業務については、就業させることができます。

　この産前産後休暇期間中、健康保険の加入者は出産手当金を請求することができます。また、主に出産費用に当てるための出産育児一時金も請求できます。

> 💡!
> 　産前産後および子育て支援制度は、少子高齢化社会において重要な制度です。産前産後休暇や育児休業の取得、あるいは取得の申出が積極的にできる社風は、強みとなります。対して、取得や取得の申出をした社員に不利益な取扱いをしたり取得を妨げるようなことを言ったりすることは、マタニティハラスメント（男性に対してはパタニティハラスメント）と呼ばれるハラスメント行為となります。

9 育児・介護休業等および育児時間 ★★★

　育児や介護を理由に社員が離職せず長く働けるための大切な制度です。この制度を明確にすることは、採用において強みになります。

　育児休業は、子が1歳に達するまでの間、取得することができます。また、保育所への入所を希望しながら出来なかった場合などは、最長2歳まで休業できます。現在は男性でも育児休業を取得できますので、制度を確認するようにしましょう。

　介護休業は、一定の家族について介護が必要な際、最大93日間まで取得できます。この休業は、最大3回に分けて取得することが可能です。

　育児・介護休業期間中、本人は雇用保険の育児休業給付・介護休業給付の支給を受けることができますので、忘れずに請求しましょう。

　その他、小学校就学前の子を養育する社員や要介護状態にある対象家族の

介護を行う社員は、看護休暇、介護休暇を取得することもできます。
　これらの措置は、労使協定を結べば、在職1年未満の社員や子が1歳6カ月になるまでの間に雇用契約が終了することが明らかな社員などは取得の申出を拒むことも可能です。

> 💡❗
> 　育児・介護休業、看護休暇・介護休暇等の措置は制度が複雑で、条文も多くなるため、最初に規則に記載する際は、「法令の定めによる」としてもよいでしょう。
> 　実際に利用する社員が現れたり10人を超える規模となったら、必要に応じて規定を整備するとよいでしょう。
> 　制度を使いやすい風土づくりと併せて復帰に向けた支援策なども十分に検討しましょう。休業する社員の代替要員を迎え入れ、休業者が復帰することを、さらに事業を拡大できるきっかけと捉える会社もあります。

10　育児時間　★★★

　育児介護休業法に定められた休業・休暇・時短勤務の他に、労働基準法で定められた「育児時間」という制度があります。これは、1歳に満たない子を育てる女性が、授乳を行うための休憩を取れるように設けられた制度です。
　1回30分の休憩を1日に2回取ることができます。始業・終業の時間に合わせて事実上の時短勤務として利用することもできますし、2回の休憩を続けてとり、事実上1回1時間の休憩、あるいは時短勤務とすることもできます。
　この育児時間は、育児短時間勤務と同時に取ることもできますので誤解のないようにしましょう。

Ⅱ　給与のルール

11　手当の種類　★★★

　手当は、それぞれの意味と対象者を明確にし、支給基準があいまいにならないようにしましょう。手当の性質・目的によっては、同一労働同一賃金の考え方から、正社員と同様に非正規社員にも支給する必要があります。

　家族手当、通勤手当、住宅手当等の労働との直接的な関係が薄い手当は、通常割増賃金の計算の基礎に入りませんが、全員に一律に支給するなどの場合には、割増賃金の計算の基礎に入れなければなりませんので、要件を確認するとよいでしょう。

> 💡
> 　基本給や手当の種類、名称は会社によって多様ですが、様々に工夫する余地があります。
> 　ある訪問入浴介護の事業所では、「能力給」を「入浴マン手当」、「現場手当」を「現場情熱手当」、「オペレーター（運転）手当」を「命大切手当」、「固定残業手当」を「早く帰ろう手当」、「介護職員処遇改善加算手当」を「介護の仕事は素敵手当」と命名して、手当の趣旨を共有していました。

12　給与の決定方法　★★★

　就業規則で最も頭を悩ますのが、この「給与の決定方法」です。中小企業の経営者には、地域の同業他社の給与水準を参考にしながら決定する傾向があります。また、実際の給与額は、経営者の「勘ピューター」で決まっている場合があります。

　本書の「就業規則要件確認一覧表」では「職務内容、役割、成績評価によります」「職務内容、役割、能力、勤続年数、年齢によります」と記載しています。また、「同一労働同一賃金ガイドライン」（平成30年厚生労働省告示第430号）では、基本給の決定ルールとして次の3つの方法を示しています。

> ① 労働者の<u>能力</u>または<u>経験</u>に応じて支給するもの
> ② 労働者の<u>業績</u>または<u>成果</u>に応じて支給するもの
> ③ 労働者の<u>勤続年数</u>に応じて支給するもの

　給与の決定方法は、現在の給与額が、役割や責任、経験年数等を、どのように反映しているか分析し、確認した上で明確にしましょう。ただし、釣合いを取るために安易に減給するようなことは絶対に禁物です。該当する社員とは個別によく話し合って、合意のもとに、数年をかけて調整をすることが大切です。

> 💡!
> 　同一労働同一賃金への対応のためにも、基本給の給与表等を作成し、これに基づいて決定することが望ましいでしょう。
> 　難しい場合には、各人の能力や年齢等に応じて決定することになるでしょう。その場合も非正規社員との不合理な待遇差が生まれないよう、明確な説明ができるように決定しましょう。

13　給与の計算方法　★★★

欠勤控除や残業代など、自社における計算方法を明確にしておきましょう。

> 💡!
> ① 特に欠勤や途中入社・退社についての日割り計算のルールを明確にしましょう。計算方法としては、所定労働日数を計算の基礎とする場合と、暦日数を計算の基礎とする場合があります。
> 　また、所定労働日数、時間の算定にあたっても、月ごとに計算する方法と、年間平均を出す方法があります。
> ② 2023年4月より、賃金の割増率が変わります。1カ月に60時間を超える法定時間外労働となった場合、現在の25％以上の割増賃金の支給から、50％以上の割増賃金を支払わなければならないことになりました。

14　給与の締め・支払い　★★★

　給与支払日が休日の場合には、繰上げもしくは繰下げができます。ただし、毎月末日払いの場合は、月をまたいでしまうので繰下げはできません。

　これは、労働基準法で「賃金は、毎月1回以上、一定の期日を定めて支払わなければならない」(24条2項)と定められており、毎月1日から月末までの間に少なくとも1回は賃金を支払わなければならないためです(賃金の一定期日払いの原則)。

　支払日が末日ではない場合も、社員の生活のため、支払日が休日に当たる場合は繰り上げて支給するほうがよいでしょう。

　また、あまり使われませんが、労働基準法には一時帰郷、結婚、死亡、出産、疾病、災害などの場合に社員から請求があれば、給与支払日前にその日までの給与を支払う、「非常時払い」という定めもあります。

15　給与の支払いの方法　★★★

　給与は、「通貨でその全額を支払うこと」が原則です。現在では銀行口座への振込みで支払う企業がほとんどですが、労働基準法はATMが普及する前の法律なので、現金払いが原則となっています。

> 💡❗
> 　法律上は、口座振込みの方法で給与を支払う場合は、次の「給与の口座振込みに関する労使協定」を締結するとともに、本人の同意が必要とされています。

賃 金 の 口 座 振 込 に 関 す る 協 定 書

　株式会社中同協商事 と 従業員代表伊藤三郎 は、従業員の賃金の口座振込みに関し、次のとおり協定する。

1. 株式会社中同協商事 は従業員各人の同意を得て、本人の口座に賃金を振り込むことができる。
2. 口座振込みの対象となる従業員はすべての者とする。
3. 口座振込みの対象となる賃金は、給与、賞与、退職金とし、その金額は、各人の申し出た額とする。
4. 口座振込みは、○年○月○日以降実施する。
5. 口座振込みを行う金融機関の範囲は、会社指定の金融機関のうち、社員が希望する機関とする。
6. 本協定は、両当事者調印の日から効力を生じ、何れかの当事者が ○ 日前に文書による破棄の通告をしない限り効力を存続する。

　　　○ 年　　　○ 月　　　○ 日

　　　　　　　使用者職氏名　株式会社中同協商事　　　㊞

　　　　　　　　　　　　　　代表取締役　斉藤次郎

　　　　　　　従 業 員 代 表　伊藤三郎　　　　　　　㊞

16　給与の控除　★★★

　給与の全額を支払わなければならないことは前の項で説明したとおりです。しかし、源泉所得税や社会保険料等のように、法律上、控除が認められているものがあります。一方、その他のものを給与から控除する場合は、労使協定を締結することが求められます。

PLUS 1　定期的な見直しのための項目別解説

　社員旅行費の積立て、給食費の自己負担分、生命保険料等を給与から控除している場合は、次の労使協定が結ばれているかを確認しましょう。
　労使協定を締結して控除する場合も、その控除の内容が適正で社員が納得できるものなのか検討・協議して締結しましょう。

賃 金 控 除 に 関 す る 協 定 書

　株式会社中同協商事　と　従業員代表伊藤三郎　は労働基準法第24条第1項但書に基づき賃金控除に関し、下記のとおり協定する。

記

1. 株式会社中同協商事 は、毎月 末 日、賃金の支払いの際次に掲げるものを控除して支払うことができる。

　　（1）源泉所得税

　　（2）住民税

　　（3）社会保険料

2. この協定は　　○年　　○月　　○日から有効とする。

3. この協定は、何れかの当事者が　　日前に文書による破棄の通告をしない限り効力を有するものとする。

　　　　　　　○年　　　○月　　　○日

　　　　　　　　　使用者職氏名　株式会社中同協商事　　印
　　　　　　　　　　　　　　　　代表取締役　斉藤次郎

　　　　　　　　　従業員代表　　伊藤三郎　　　　　　　印

17　給与の改定の時期　★★★

ここでは、昇給をいつ行うのか、どのような過程を経て行うのかを明らかにします。

「昇給の時期」は、決算の後など事業所の判断で自由に決定できますが、経営者の気分で変えないようにしたいものです。

> 💡!
> 　留意すべきは、昇給時期を明確にすることです。例えば、7月の給与支払日を昇給日とするならば、前月の6月には昇給額を内示しておくとよいでしょう。
> 　また、評価期間を明確にすると、社員は安心します。例えば、評価結果に応じて毎年6月に昇給評価を行う場合は、「前年6月から今年5月を評価対象期間とする」等、評価期間を明確にしましょう。飲食店等に多い、半年などの短い評価期間で昇給判断をする場合も、評価期間を明確にする考え方は同じです。

Ⅲ　引退・退職のルール

18　退　職　★★★

自己都合退職については、民法上、原則として社員が申し出てから2週間後に雇用契約が終了すると解釈されています(無期雇用の場合)。万が一社員が無断で会社に来なくなり、連絡が取れなくなったりした場合の退職についても、14日を目安に判断してよいでしょう。

> 💡!
> ・「退職」と「解雇」はどちらも雇用契約が終了するときに使われる言葉ですが、法的には異なる意味を持つ言葉ですので、経営者は、「雇用契約の終了」の意味などを理解しておく必要があります。「退職」とは、法的に言うと「雇用契約の終了」の1つです。「雇用契約の終了」には「退職」と「解雇」の2種類があります。

・「退職」とは解雇（会社側から雇用契約を終了すること）以外の雇用契約が終了するケースのことで、自己都合退職、定年退職、労働者の死亡などがあります。

① 雇用契約の種類によって退職の日の取扱いは異なります（民法627条）。

　時給制の場合は、原則として解約申入れ後2週間を経過したときに雇用契約は終了します。

　月給制の場合は、期間の前半に申し入れればその期間末に、期間の後半に申し入れれば次の期間末に雇用契約は終了します。

② また、有期雇用契約の場合は、期間の満了によって契約が終了するのが原則です（民法628条）。

　中途退職は、やむを得ない事由があるときに限り、契約の解除をすることができ、使用者は、やむを得ない事由がない限り、中途で解雇することができません（労働契約法17条）。

③ 社員が解約を申し込み、使用者側が退職を認めた場合は、労使の合意による退職ですので、その時点で雇用契約は解除できます。

④ 登記上の役員に就任すると社員としての身分を失い、退職となります。ただし、社員として働きつつ役員にもなる「使用人兼務役員」の場合は、労働者性があるとされます。

19　定　年　★★★

「定年」は、満65歳以上とするか、60歳として例外を除き希望者全員を65歳まで再雇用する制度等を導入する必要があります。

> 会社によっては、選択定年制や60歳よりも高い定年年齢、再雇用限度年齢、あるいは定年制の廃止などを定めている場合もあります。
> 現在では60歳、65歳でも健康で十分に働ける方が多くなっています。高齢になっても活躍できる体制の構築を検討しましょう。

20 解　雇　★★★

　解雇を行えるのは、就業規則に定められた事由に該当し、客観的に合理的な理由があり、解雇予告手当を支払った場合に限定されます。

　解雇の手順は、30日前に解雇予告するか、または予告せずに平均賃金の30日分の解雇予告手当を支払って即時解雇する、もしくは30日前までに予告できなかった場合に30日に足りない日数分の解雇予告手当を支払います。

　また、解雇予告された社員から解雇理由証明書の交付を求められた際は、退職の日までに交付しなければなりません。

　なお、法律上、業務上の負傷・疾病で休業する期間や、産前産後の期間等、解雇が制限される期間が定められていますので、確認しておきましょう。

> 　安易に解雇せず、何事も社員とよく話し合う姿勢が重要です。最も避けるべきは、思いつきや一時の感情で解雇を言い渡し、双方の感情的なもつれに発展してしまうことです。
>
> 　そうした丁寧な努力を経ても双方が「雇用契約の終了」を望み、合意した場合は、経営者としても解約合意のための一定の条件を提示し、雇用契約を終了することはあり得ることです。

Ⅳ　その他のルール

21 退 職 金　★★

　退職金制度を設けるか否か、その額をどうするかは、会社が任意に決められますが、多くが社員の安心感や退職後の生活を考えて、退職金制度を設けています。

　過去に退職金を支払ったことがあれば、それを基準として検討します。支払っていない場合は「退職金制度はない」と書き表します。

> 　退職金制度を新たに設ける場合、また、見直す場合は次の3つの要素で

具体化します。

① **制度の検討**

「何年勤めたらいくら払うか」「どのような場合に加算・減算するか」を検討して支給額を決めるためのルールづくりをします。

功労があった社員には、功労金を支払うこともできます。

退職金は社員に長く働いてもらうために有効な制度ですが、中には退職金としてではなく毎月の給与で支給してほしいと考える人もいます。

いずれにしても長い期間をかけて積み上げる制度ですから、社員と、社員の人生設計も含めて話し合い、会社としての考え方を明確にして制度設計をしましょう。

② **原資の積立方法の検討**

社内積立では資金繰りなどに流用してしまう可能性があります。掛金を「全額損金扱い」することができる中小企業退職金共済（中退共）など、外部積立機関を活用するのも有効な方法でしょう。中退共では簡単な退職金規程のひな形も提供しています。

③ **過去勤務債務の検討**

例えば勤続年数に応じて支給する制度とすると、外部積立期間が足りず支給額に対して不足が発生する場合があります。その場合の対策も検討しましょう。

22 賞　　与

賞与制度を設けるか否か、その額をどうするかは、会社が任意に決められますが、実際には多くが設けています。

① 賞与は「利益への貢献による分配」と表現されますが、夏と冬の賞与は、「生活給」としての支給が期待されてもいます。こうした性格の賞与を、「利益が出なかったから支給しない」と社員にしわ寄せをして平気な顔をしていては、経営者の責任が果たせたとは言えません。

② 対して、決算賞与は、会社の業績によって変動することになります。

23　食費、作業用品等の負担　★★

　業務上使用する作業用品等の費用負担を社員に求める場合や、会社が社員に食事を提供する場合の食費、その他の費用について自己負担を求める場合には、就業規則に記載する必要があります。昨今ではテレワークにおける通信費を社員の自己負担とする場合がありますが、この通信費などもこれに該当します。

　これらの費用を給与から控除する場合には、「16　給与の支払いと控除」で示した労使協定の締結が必要です。

　しかし、そもそも業務に必要な費用を社員の負担にする合理的な理由があるのかも含め、慎重に検討する必要があるでしょう。

24　安全衛生　★★

　会社は、社員の安全および衛生に配慮する義務を負っています。雇入れ時や配置換えの際の安全衛生教育も会社の義務です。業務に必要な安全と衛生に関する教育を行うようにしましょう。

　業務上の災害補償については、労災保険給付を受けることが出来ます。通勤中の怪我なども補償されますので、万が一の際には利用しましょう。

> 　安全と衛生は、働く環境の最も基本的な土台です。細心の注意を払う必要があります。
>
> 　職場の安全を確保するため、社員から「ヒヤリハット」体験を集めるなどして、危険の有無を調査しましょう。
>
> 　安全性を向上させ、衛生的な環境にするために、どのような対策が効果的か、定期的に改善策を検討しましょう。

25　健康診断　★★

　健康診断は、ケースによって実施すべき回数や内容が定められていて、雇入れ時の受診、一般社員の年1回受診、深夜業を含む一定の有害な業務に従事する社員などの6カ月に1回の受診、海外に6カ月以上社員を派遣する場

合の受診などがあります。
　なお、会社は、健康診断を受けさせるだけでなく、結果を所定期間保存する義務も負っています。

26　社員教育　★★

　社員教育は、会社の発展、社員一人ひとりのキャリアアップのためにも、非常に重要です。外部・内部での実施を問わず積極的に取り組むとよいでしょう。

　就業規則に社員教育に関する定めがあると、会社に社員を育成する体制があることを示すことができ、若年者の採用における強みともなりますので、明記しておきましょう。

> 💡!
> 　業務に必要な資格の取得費用は、会社負担あるいは補助をすることが望ましいでしょう。
> 　業務に必要な力量を向上させるための研修の費用は、基本的に会社が負担することが望ましいでしょう。
> 　強制参加の研修を受ける時間は労働時間として扱われ、所定労働時間外に行う場合は残業代の支払い対象となることがあります。

27　休　職　★★

　休職は、業務外の傷病、いわゆる私傷病を原因として、長期にわたって就労が困難な場合に、即時に退職となることを回避するための制度です。法律で定めを強制された制度ではありませんが、非常に大切な制度です。この制度があることで、社員は安心して働くことができます。

> 💡!
> 　社員が傷病で働けなくなった場合に十分に治療に専念できる制度を検討しましょう。
> 　休職期間をどれくらいの長さとするかは悩ましい問題ですが、休職する

社員には収入を補てんするための健康保険の傷病手当金が支給されますので、制度を確認しておくとよいでしょう。一般的な中小企業では、傷病手当金の受給期間に合わせて、最長で1年半以内とすることが多くなっています。また、勤続年数に応じて休職期間を長くするケースもよく見受けられます。

近年はメンタル疾患で休職を繰り返すケースも見られるため、各休職期間を通算する仕組みとすることもあります。

なお、休職期間が終わっても復職できない場合には、自然退職とすることが一般的です。

28 表彰 ★★

会社方針発表会、創立記念日、年末・年始や期末・期首といった節目に表彰を行う場合は、これらを制度として就業規則に書き表しましょう。

表彰制度を就業規則に示すことは、社員が就業規則を身近に感じるきっかけになります。社員にとって、表彰はこの上ない喜びであり誇りです。賞金だけでなく、他の社員の前で表彰され、受賞の言葉を話してもらうことに喜びを感じるものです。制度設計を考える際は、次の点に注意しましょう。

・社員の意欲を高めるため、新人、永年勤続などを称えます。
・華やかな「売上目標達成」などだけでなく、「清掃活動を頑張っている」「新人へのフォローが丁寧」などにも着目しましょう。

29 懲戒処分の種類

社内の規律を守るため、時には懲戒処分が必要になることがあります。懲戒処分を行うには、まず懲戒の種類を明確にしておく必要があります。

懲戒処分を行う際は、その行為と情状によって、どの程度の処分が妥当であるのか、慎重な検討が必要です。

> 💡!
> 実際に処分を行う際は、次のような手順を経て慎重に行いましょう。
> ① 事実関係を十分に確認する
> ② 本人にも弁明の機会を与える
> ③ 処分の決定は過去の類似案件を検討して組織的に行う

30 懲戒処分の事由 ★★

　懲戒処分は、どのような行為が対象となるかをあらかじめ明らかにする必要があります。明示されていない事由で懲戒処分を行えば、処分自体が無効とされる可能性もあります。

　特に、懲戒解雇は、他の処分とは別に定める必要があります。これは、非常に重い処分である懲戒解雇の適用は限定的にする必要があるとされているためです。

　なお、即時解雇の場合は30日分の解雇予告手当の支払いが必要ですが、懲戒解雇や天災等により事業の継続が不可能となった場合の解雇で認められる労働基準監督署長の「解雇予告除外認定」を受けると、解雇予告手当を支払う必要がなくなります。

　ただし、懲戒解雇でこの認定を申し出た場合、労働基準監督署は、社員の勤務年数、勤務状況、従業員の地位や職責を考慮し、会社・社員双方への事情聴取を行って判断します。実際には、横領事件や社名が報道される犯罪行為等でなければ、認定を得るのは容易でないと考えたほうがよいでしょう。

> 💡!
> 　懲戒処分の事由には、社員として会社の規律を保つために最低限守らなければならない心得を書き表すと考えるとよいでしょう。
> 　社会人として、自社の社員として、これだけは守ってほしいという内容を社員とともに検討し、納得性の高い基準を設けましょう。その意味では、社員教育の一環として捉えることも十分に可能です。
> 　また、部下の懲戒処分について上司等の監督不行届が認められる場合に

> は、監督者責任として上司にも懲戒処分を行う場合があります。この場合も就業規則にその旨の定めがあるかが重要となりますので、規定しておきましょう。

31 変更履歴

就業規則の文頭または文末には、「附則」として作成年月日や変更年月日を記載します。就業規則を更新すると、内容の一部が異なる就業規則が複数存在することとなりますが、そうした場合に変更履歴が記載されていると、どれが最新の就業規則であるかを見分けられるようになります。

32 その他の事項

ここで取り上げなかった内容で、記載する義務があるものではありませんが、会社が任意に就業規則で定めておくルールもあります。

その1つに、「その他全労働者に適用される事項」があります。例えば、採用、試用期間、労働条件の明示、人事異動、服務規律、個人情報保護、副業・兼業等については、多くの企業がルールを定めています。これらを参考に、自社にとって必要な事項を記載しておきましょう。

> 就業規則は、社員の働くルールです。行動指針などを定めているならば、経営理念とともに最初に掲載するのも方法です。

■運用と改正のポイント

1 運用上のポイント

　就業規則が有効活用されるためには、日常的な働き方のルールとして運用される必要があります。休憩室や事務所などの誰でも見ることのできる場所に備え付けておきましょう。クラウドや社内イントラネット等の情報共有の場がある場合には、ネットワーク上の社員が誰でもアクセスできる場所にアップロードしておくのもよいでしょう。

　また、就業規則を採用時や社員教育のテキストとして活用したり、職場づくりの方針を話し合う際の検討資料として活用したりするのも有効です。

　さらに、就業規則が有名無実化しないよう、経営者と社員が内容をよく理解して運用する必要があります。

　例えば、小規模な企業では年休の取得や遅刻、早退などの届出を口頭で済ませてしまう場合が多いと思います。必ずしも書面でしなければならないものではありませんが、連絡の不備による業務への影響や記録・管理の面を考慮すると、管理者、チームメンバー、総務係等の知るべき人に必ず情報が届き、何らかの記録が残る仕組みとすることが望ましいです。そのための連絡・届出方法を検討し、ルール化して徹底しましょう。

　次に紹介するのは書面申請とする場合の書式例ですが、インターネットを利用する企業も増えてきています。

PLUS 1　定期的な見直しのための項目別解説

申請書

区分	期日	年　月　日から／年　月　日まで	日間
欠　勤			
遅　刻			
早　退			
私用外出			

区分	時間	午前・午後　時　分から／午前・午後　時　分まで	時間	分
残　業				
早　出				
深夜勤務				

区分	理由、行先等
休日勤務	
振替休日	
年次有給休暇	
特別休暇	

区分	添付書類等
慶弔休暇	
その他（　）	
出　張	

（該当欄に○印、事柄を記入します）

　　　　　　　　　　　　　　　　　　　　　　年　　月　　日

株式会社

代表取締役　　　　　　様

　　　　　　所属＿＿＿＿　氏名（自署）＿＿＿＿＿＿＿＿印

2　改正におけるポイント

　運用上の細かなルールの変更は、「運用細則」をつくりメモを残すことでも対応出来ますが、制度の根本の部分を見直すときや内容と実際の運用がそぐわなくなったときは、就業規則の改定を検討する必要があります。
　また、「法改正に合わせて就業規則を改定する」のは前向きな取組みですが、「法改正がなければ就業規則の見直しをしない」ということになると、結局は「作ったまま」で終わってしまいかねません。
　そこで、就業規則の見直しの要否は次のようなタイミングで検討することとしましょう。

①　年に一度の節目の時
　「決算の後に見直す」など、時期を定めて取り組みましょう。
　定期的に社員と見直す機会を設けることで、社員の意見、要望を聴き、実際の運用で迷った場面などを踏まえてルールを検討することができます。

②　法改正に対応しなければならない時
　日頃から労働法令の改正動向に注意し、自社に影響があると思われる事項を確認し、必要に応じて改正しましょう。

③　社員数が 10 名以上になった時
　社員数 10 名以上の会社は、就業規則を労働基準監督署に届け出る必要があります。届出の際は、就業規則全体を見直し、育児・介護休業に関する規定が記載されていなければ追加して規程を整えた上で届け出るようにしましょう。なお、就業規則の変更にあたっては、社員代表者から意見を聴く必要があります。
　届出の際は、就業規則の他、就業規則（変更）届、社員代表者の意見書を添付する必要があります。

まとめ

　本書は、「１人でも雇用したら就業規則を作成」するために、10人未満の事業所に「わずか３ステップで超簡単に就業規則がつくれる」という提案をしました。この提案は、戦後一貫して「労働基準監督署に提出する義務がない」とされてきた10人未満の事業所への革新的な提案です。

　中小企業家同友会全国協議会（以下、「中同協」という）が「働く環境づくり」に着目しているのは「働き方改革法に対応するため」ではありません。
　中同協は、1975年に「中小企業における労使関係の見解－中同協」（以下、「労使見解」という。P57参照）を発表し、「労使見解」の精神に基づく「人を生かす経営」の実践で、中小企業における正しい労使関係の確立と発展のために努力してきました。
　「労使見解」の精神に基づく「人を生かす経営」とは、人間尊重経営の実践であり、社員の生活を保障するとともに、高い志気のもとに、社員の自発性が発揮される状態を企業内に確立して、社員一人ひとりが持てる能力を発揮することです。
　中同協は、全社員一丸となった企業づくりのために、経営理念・10年後のビジョン・方針と計画を総合的にまとめた経営指針の成文化と実践を推進してきました。
　この実践の推進のためには、経営指針の内容が、売上目標と課題を列挙する程度の表明ではなく、働く社員と家族の将来も見える突き詰めた内容を表明すべきだと検討されました。
　さらに、就業規則で『賞与は業績によっては支給しないことがある』と定め『いざとなれば大丈夫』と安心するような「労働環境への経営結果のしわ寄せ」をしては、労使一丸となることはできない、とも検討されました。
　このような問題意識を持って2015年の６月にプロジェクトが発足し、10

人未満事務所の就業規則に関する検討を開始しました。政府の掲げる働き方改革は、このプロジェクト発足の後に始まったのです。
　その年の12月に「電通」の過労死事件が発生し、翌年2016年8月に第3次安倍内閣の第2次内閣改造が行われて働き方改革担当大臣が設置され、翌9月に第1回「働き方改革実現会議」が開催されました。

　私たちは労働環境の取組みを「働く環境づくり」と表現しています。「働く環境改善」と「働く環境づくり」は明確に区別すべきです。
　「働く環境改善」とは、「現状の延長線上にある改善活動」のことです。これに対して、「働く環境づくり」とは、「新たにつくること」です。あり方などについて高い付加価値が込められた状態をつくることであり「変革」を意味します。また、そうした状態を目指す活力となり得る夢や目標を設けることでもあります。

　10人未満の事業所の就業規則の作成には、重要な意義があります。
　第1に、そもそも「働く」ことは、人と一緒に動くことなのでルールが必要だということです。10人未満の事業所でもルールは必要です。
　第2に、働き方改革法は、適用猶予はありますが、いずれは規模を問わず対応を求められることとなります。
　第3に、全社一丸で、経営理念、10年後のビジョン、方針と計画の実践を追求するために、社員の働く環境づくりもあわせて追求してこそ、自主的で自立的な「真の働き方」となるのです。

　中小企業は日本の雇用の約7割を支えています。中小企業は、地域における重要な雇用の場であり、地域社会の重要なインフラとして、その存在意義はますます大きくなっています。特に、10人未満の事業所の働く環境づくりは、地域社会で暮らす人々の生活そのものに直結しています。

地域で社員に、特に若者に選ばれる企業となることは、これからの中小企業が生き残るために大きな課題です。

　企業が社員を選ぶ時代から、社員が企業を選ぶ時代になりつつあります。これまで、雇用契約というより「社員との信頼関係で雇用してきた」という中小企業も多いでしょう。

　働き方改革を前にして、その社員の信頼に応え得る確固とした働く環境づくりのために、これまでの経過に安住するのではなく、第一歩として就業規則の作成に踏み出すことが求められています。

　就業規則は、作成したら終わりではなく、「働く環境づくりの旅の始まり」だと言えます。継続的に更新してこそ価値があります。

　社員とともに継続的に話し合い、試行錯誤し、改革する過程こそが、理念の共有と自主性の発揮を育てる土壌となります。

　就業規則を軸に、労使の信頼を育て、社員が自らの働き方、生き方と会社の将来を考える良いきっかけを与えてくれるものともなるでしょう。

　中小企業で働き、人生をまっとうすることができ「ここで働いて家族を守り育て、悔いのない生き方、働き方ができた」と思える働く環境づくりのために本書が活用され、労使が一体となって良い会社、良い働く環境づくりが推進されることを強く願うものです。

中小企業家同友会（全国協議会）とは

＜経営体験から学び合う手づくりの会＞

中小企業家同友会は、1957年に日本中小企業家同友会（現東京中小企業家同友会）として創立されました。その後、大阪、愛知などに同友会が生まれ、1969年に中小企業家同友会全国協議会（以下、「中同協」という）が設立されました。現在、同友会は47都道府県にあり、約4万7,000名の中小企業経営者が加盟しています。

同友会の活動は、中小企業家のナマの経営体験を持ち寄り、お互いの失敗例や成功例から学び合うことに特色があります。会員一人ひとりが百人百様の経営体験者ですから、お互いが教師となり生徒となって生きた教訓を吸収し合うことができます。同友会では「会員は経営に役立つ辞書の一頁」とも言っています。

労使関係の創造的発展こそ企業成長の原動力であると考え、1975年に「中小企業における労使関係の見解」（以下、「労使見解」という）を発表（P57参照）し、その実践を進めています。

＜同友会の3つの目的＞

中小企業家同友会には、次のような目的があります。

① 同友会は、広く会員の経験と知識を交流して、企業の自主的近代化と強靭な経営体質をつくることを目指します。（良い会社をつくろう）
② 同友会は、中小企業家が自主的な努力によって相互に資質を高め、知識を吸収し、これからの経営者に要求される総合的な能力を身に付けることを目指します。（良い経営者になろう）
③ 同友会は、他の中小企業団体とも提携して、中小企業をとりまく社会・経済・政治的な環境を改善し、中小企業の経営を守り安定させ、日本経済の自主的・平和的な繁栄を目指します（良い経営環境をつくろう）

この「3つの目的」と「自主・民主・連帯の精神」、「国民や地域とともに歩む中小企業」の3つを併せて「同友会理念」とし、自主的・自立的に、この理念に基づき以下のような活動を進めています。

＜同友会の活動＞

1　会員の経営体験に基づいた例会
2　経営指針（経営理念、10年ビジョン、経営方針、経営計画）の成文化とその実践の運動
3　「人材を中小企業へ」を目指す共同求人活動
4　「共に学び、共に育つ」との考え方にたった社員教育活動
5　労使の信頼関係を強め、全社一丸の企業づくりを目指す活動
6　誰もが人間らしく生きられる社会を目指した障害者問題の取組み
7　地球環境保全のための活動
8　異業種・同業種の企業間交流・ネットワークづくり
9　企業後継者育成などを目的とした青年部活動
10　女性経営者が学び交流する場である女性部活動
11　中小企業憲章の具体化、中小企業振興基本条例制定と具体化を推進する活動
12　国への政策要望の作成・提出、中小企業の立場から、あるべき税制・金融・その他経営環境を改善する活動
13　景況調査などの調査研究活動
14　機関紙「中小企業家しんぶん」（月3回）などの発行

　同友会の活動の詳細は、以下のホームページにてご覧ください。

https://www.doyu.jp/

【巻末資料】 中小企業における労使関係の見解

1．経営者の責任

　われわれ中小企業をとりまく情勢や環境は、ますますきびしさを加え、その中で中小企業経営を維持し発展させることは並大抵のことではありません。しかし、だからといってわれわれ中小企業経営者が情勢の困難さを口実にして経営者としての責任を十分果たさなかったり、あきらめたり、なげやりにすることが間違いであることはいうまでもありません。

　経営者は「中小企業だから、なにも言わなくても労働者や労働組合はわかってくれるはずだ」という期待や甘えは捨て去らねばなりません。これでは自らの責任を果たしているとはいえないのです。

　経営者である以上、いかに環境がきびしくとも、時代の変化に対応して、経営を維持し発展させる責任があります。

　経営者は企業の全機能をフルに発揮させて、企業の合理化を促進して生産性を高め、企業発展に必要な生産と利益を確保するために、全力を傾注しなければなりません。

　そのためには、われわれ経営者は資金計画、利益計画など長期的にも英知を結集して経営を計画し、経営全般について明確な指針をつくることがなによりも大切です。同時に現在ほどはげしく移り変わる情勢の変化に対応できる経営者の能力（判断力と実行力）を要求される時代はありません。

　新製品、新技術の開発につとめ、幹部を育て、社員教育を推進するなど、経営者としてやらねばならぬことは山ほどありますが、なによりも実際の仕事を遂行する労働者の生活を保障するとともに、高い志気のもとに、労働者の自発性が発揮される状態を企業内に確立する努力が決定的に重要です。

　経営の全機能を十分に発揮させるキーポイントは、正しい労使関係を樹立することであるといっても過言ではありません。

2．対等な労使関係

　労使関係とは労働者が労働力を提供し、使用者はその代償として賃金を支払うという一定の雇用関係であると同時に、現代においてはこれを軸として生じた社会的関係でもあります。

　企業内においては、労働者は一定の契約にもとづいて経営者に労働力を提供するわけですが、労働者の全人格を束縛するわけではありません。

　契約は双方対等の立場で取り交わされることがたてまえですから、労働者が契約内容に不満をもち、改訂を求めることは、むしろ当然のことと割り切って考えなければなりません。その意味で労使は相互に独立した人格と権利をもった対等な関係にあるといえます。

憲法や労働三法などによって労働者は個人的にも、労働組合としても基本的権利が定められています。経営者としては、労働者、労働組合の基本的権利は尊重するという精神がなければ、話し合いの根底基盤が失われることになり、とても正常な労使関係の確立はのぞめません。

　しかし、以上のことは＜１．経営者の責任＞の項と対立するものではありません。すなわち、人格としてまったく対等であるが、企業の労働時間内では経営権の下における管理機構や、業務指示の系統は従業員にとって尊重されるべきものです。

3．労使関係における問題の処理について

　中小企業経営者と労働者は経営内において雇用と被雇用の関係という点で立場がまったくちがうわけですから、労使の矛盾や紛争がまったくなくなるということは決してありません。

　労使の間で日常不断に生まれてくる労働諸条件やその他多くの問題の処理については、労使が対等な立場で徹底的に話し合い、労働組合のあるところでは団体交渉の場において解決することが原則であると考えます。

　団体交渉の内容方法は労使双方の意識水準、歴史の過程、全人格がすべて投影されるわけですから、一定の公式などあるはずはありません。

　つまらないことから相互不信を招かないような、ごく一般的な手法は必要不可欠ですが、基本的には誠心誠意交渉にのぞむ経営者の姿勢、態度こそ、もっとも大切なことです。経営者が労働者の立場、考え方、感情をできるかぎり理解しようという姿勢は話し合いの前提でありますし、また労働条件の改善について実行できること、また必要なことは積極的に取り組むという姿勢が大事です。

　しかし同時に、いわゆるものわかりの良い経営者がイコール経営的にすぐれた経営者とはいえません。

　労働条件の改善について、直ちに実行できること、実行について検討してみること、当面は不可能なことなどをはっきりさせることが必要です。

　もし、それを実行しなければ経営は前進しないし、経営者として従業員にも責任を負えないような重要問題については、全情熱をかたむけて労働者を説得し、あらゆる角度から理解と協力を求める努力をつくさなければなりません。

　労使のコミュニケーションをよくすることは経営者の責任です。「当社の労働者は、ものわかりが悪い」といくら愚痴をこぼしても問題は一歩も前進しません。そのためには、労使間の問題を団体交渉の場で話し合うだけでは不十分です。

　職場内の会社組織を通じ、その他あらゆる機会をとらえて、労使の意思の疎

通をはかり、それぞれの業界や企業のおかれている現状や、経営者の考え、姿勢をはっきり説明すると同時に、労働者の意見や、感情をできるだけ正しくうけとめる常日頃の努力が必要です。

4．賃金と労使関係について

　労働者と労働組合は、高い経済要求をもっており、労働時間の短縮をつよくのぞんでいます。経済的要求については、高度成長政策、インフレ政策のもとでの労働者の生活実態をよく考え、産業別、業種別、地域別、同業同規模企業などの賃金実態、初任給などを比較検討し、その上で誠意をもって話し合い、交渉するという態度を堅持します。

　しかし現実には、企業の力量をよく見きわめ、企業発展の経営計画をあきらかにしめし、長期、短期の展望のなかで、妥協できる節度のある賃金の引き上げをはかることがのぞましいと考えます。そのためにも

① 社会的な賃金水準、賃上げ相場
② 企業における実際的な支払い能力、力量
③ 物価の動向

という三つの側面を正確につかみ、労働者に誠意をもって説得し、解決をはかり、一方、その支払い能力を保証するための経営計画を、労働者に周知徹底させることが必要です。このように節度ある賃金の引き上げをはかるためにも労使が協力しなければ達成できないでしょう。

　経営者は昇給の時期、その最低率（額）および賞与の時期、その最低率（額）と方法などについて明確にできるものは規定化するよう努力すべきです。

　また、労働者と労働組合が、きわめて強い関心をもっている労働時間の短縮についても社会的趨勢としてこれをとらえ、一歩一歩着実に、産業別や業界の水準に遅れぬよう、そのプログラムを事前に組む必要があります。

5．労使における新しい問題

　産業構造高度化の進展と、ぎりぎりまでの近代化、合理化の進行の過程の中で労働者の人間性回復の問題が新しく登場します。

　労働者の職場選択の最大の要素として「やりがいのある仕事」が第一位にランクされています。労働者の雇用の促進と定着性の問題を考えてみても、このことは、非常に大切です。労使関係には、ただたんに経済的な労働条件だけでは解決できない要素があることを重視する必要があります。

　労働は苦痛であるという面もありますが、その中で労働者は「やりがいのある仕事」、労働に対する誇りと喜びを求めていることも事実です。

　技術革新の進む中で、仕事はますます単純化され合理化されるので、なおいっ

そう、労働者の労働に対する自発性と創意性をいかに作り出していくかは、とくに中小企業家の関心をもつべき大きな課題です。

6．労使関係の新しい次元への発展

　われわれは、労使関係について長い苦悩にみちた失敗の経験と、いくつかの成功の経験をもっています。しかし、まだ経験を一般化するまでに経験の交流と討議を経ていません。

　労働組合がつくられて間もない経営、頻繁にストライキを反復され、労使紛争のたえない経営、二つの分裂した労組のある経営、労働組合がつくられ、長い年月を経て相互の切磋琢磨によって高い次元にまで達した労使関係をもつ経営などがあります。

　われわれ中小企業家は、その企業内の労働者と労働組合の団結の強さの度合い、上部組織の関係、その思想意識の状態などに十分対応できる能力をもたなければならないと考えます。

　中小企業においては、家族的で人間のふれあいのある労使の関係、労働組合のあるなしにかかわらず、積極的に労働条件を改善するとともに、意志疎通をはかることによって、相互の信頼感が十分に形成されている労使関係など、中小企業として、社会経済情勢の変化に即応した労使の関係がつくられてきました。

　しかしある程度の認識や関心をもっていても、労働組合の結成時や社会経済情勢の激変期、また、誠意をもって話し合っているにもかかわらず団体交渉において行きづまりが生じた場合などは、労使の親近感が急速に崩れることさえあります。

　中小企業といえども、時には対立や紛争状態も避けられない場合があり、このような過程をたどりながら、新しい次元の相互の信頼へとすすむものと考えます。

　労使は、相互に独立した権利主体として認めあい、話し合い、交渉して労使問題を処理し、生産と企業と生活の防衛にあたっては、相互に理解しあって協力する新しい型の労使関係をつくるべきであると考えます。このような中小企業における労使の関係が成立する条件はいま、社会的に成熟しつつあります。

7．中小企業における労働運動へのわれわれの期待

　中同協（同友会）は、中小企業をとりまく社会的、経済的、政治的環境を改善し、中小企業の経営を守り、安定させ、日本経済の自主的、平和的な繁栄をめざして運動しています。

　それは、大企業優先政策のもとで、財政、税制、金融、資材、労働力の雇用

や下請関係、大企業との競争関係の面で多くの改善しなければならない問題をかかえているからです。

そしてまた、中小企業に働く労働者の生活についても深い関心をはらい、その労働条件の改善についても努力をつづけてきました。しかし、必ずしも大企業の水準に達していない状態については着実に改善をはからなければならないと考えています。

また中小企業家がいかに企業努力を払ったとしても、労使関係に横たわるすべての問題を企業内で解決することは不可能であり、労働者、労働組合の生活と権利を保障するために、民主的な相互協力関係をきずきあげる持続的な努力が双方に課せられると考えます。相互にその立場を尊重しあい、相手に対して一面的な見方や敵対視する態度を改めることが必要です。

公営企業や大企業とちがって、中小企業における「労働運動の要求とたたかい」においては、中小企業の現実に立脚して、節度ある「たたかい」を期待するとともに、労使間の矛盾、問題の処理にあたっては、話し合いを基本とするルールを尊重して解決点を見出すことを期待します。

国民生活のゆたかな繁栄のために中小企業の存立と繁栄は欠くことのできないものであり、中小企業における労働者、労働組合にとってもその安定性のある企業と職場は生活の場であり、社会的に活動するよりどころとして正しく理解するよう期待します。

8．中小企業の労使双方にとっての共通課題

前にも述べたように「中小企業家がいかにして企業努力を払ったとしても、労使関係に横たわるすべての問題を企業内で解決することは不可能」です。

なかでも、物価問題、住宅問題、社会保障問題、福利厚生施設問題などは企業内では解決できず、当然政府ならびに自治体の問題、政治的に解決をはからなければならないきわめて重大な問題です。

これらの問題を解決するために積極的に運動することは、中小企業家としての責任であり、また、自己の経営の労使関係にも重大なかかわりがあるのだ、という自覚をもって同友会運動をより積極的に前進させなければなりません。

広く中小企業をとりまく諸環境の改善をめざす同友会運動は、そこに働く労働者の問題でもあり、その意味において中小企業経営者と中小企業労働者とは、同じ基盤に立っていると考えます。

中小企業家同友会全国協議会は、ここに参加する中小企業家のたえまない努力によって、ここに述べられているような労使関係の改善と確立のために奮闘するとともに、全国のすべての中小企業家と労働各団体にもこの見解の理解を求め、ひろめるよう努力するものです。

中小企業家同友会所在地一覧

(2019年2月現在)

	〒	所在地	TEL
中小企業家同友会全国協議会	〒102-0074	東京都千代田区九段南 4-7-16 市ヶ谷 KT ビル 3F	03-5215-0877

同友会名	郵便番号	所在地	電話
北海道中小企業家同友会	060-0906	札幌市東区北6条東4丁目8番44 札幌総合卸センター8号館	011-702-3411
青森県中小企業家同友会	030-0931	青森市平新田字森越 12-28 2F	017-752-0171
岩手県中小企業家同友会	020-0878	盛岡市肴町 4-5 岩手酒類卸ビル 3F	019-626-4477
宮城県中小企業家同友会	983-0852	仙台市宮城野区榴岡 1-6-3 東口鳳月ビル 4F	022-355-2771
秋田県中小企業家同友会	010-0965	秋田市八橋新川向 4-23 みどりやビル 2F	018-867-7471
山形県中小企業家同友会	990-2161	山形市大字漆山大段 1865-5 TIS ビルディング 201	023-615-8302
福島県中小企業家同友会	963-8005	郡山市清水台 1-3-8 郡山商工会議所会館 5F	024-934-3190
茨城県中小企業家同友会	310-0851	水戸市千波町 1918 茨城県総合福祉会館 3F	029-243-8230
栃木県中小企業家同友会	321-0968	宇都宮市中今泉 2-3-13 小山ハイツ 103	028-612-3826
群馬中小企業家同友会	371-0013	前橋市西片貝町 1-300-5 ルアン第二ビル 4F	027-232-0001
埼玉中小企業家同友会	338-0001	さいたま市中央区上落合 2-3-2 新都心ビジネス交流プラザ 10F	048-747-5550
千葉中小企業家同友会	260-0015	千葉市中央区富士見 2-22-2 千葉中央駅前ビル 7F	043-222-1031
東京中小企業家同友会	102-0074	東京都千代田区九段南 4-7-16 市ヶ谷 KT ビル 3F	03-3261-7201
神奈川県中小企業家同友会	231-0015	横浜市中区尾上町 5-80 神奈川中小企業センタービル 3F	045-222-3671
山梨県中小企業家同友会	400-0851	甲府市住吉 2-3-23 中沢ビルＡ３０１	055-267-8165
長野県中小企業家同友会	380-8553	長野市若里 4-17-1 信州大学工学部キャンパス内信州科学技術総合振興センター 2F	026-268-0678
新潟県中小企業家同友会	950-0926	新潟市中央区高志 1-3-21	025-287-0650
富山県中小企業家同友会	930-0827	富山市上飯野 25	076-452-6006
石川県中小企業家同友会	920-0059	金沢市示野町南 52 AK ビル 3F	076-255-2323
福井県中小企業家同友会	918-8205	福井市北四ツ居 1-34-19 サンリードビル 1F	0776-54-9699
静岡県中小企業家同友会	420-0857	静岡市葵区御幸町 8 静岡三菱ビル 6F	054-253-6130
愛知中小企業家同友会	460-0003	名古屋市中区錦 3-6-29 サウスハウス 2F	052-971-2671
三重県中小企業家同友会	510-0066	四日市市南浜田町 2-14 水谷ビル 3F	059-351-3310

同友会名	郵便番号	所在地	電話
岐阜県中小企業家同友会	500-8259	岐阜市水主町 1-176-2 ピースランドビル 3F	058-273-2182
滋賀県中小企業家同友会	525-0059	草津市野路 8-13-1 ＫＥ草津ビル１Ｆ	077-561-5333
京都中小企業家同友会	600-8009	京都市下京区四条通室町東入函谷鉾町78番地京都経済センター4Ｆ416号室	075-354-5007
大阪府中小企業家同友会	540-0011	大阪市中央区農人橋 2-1-30 谷町八木ビル 4F	06-6944-1251
兵庫県中小企業家同友会	651-0087	神戸市中央区御幸通 6-1-20 GEETEX ASCENT BLDG 9F	078-241-1230
奈良県中小企業家同友会	630-8215	奈良市東向中町 6 番地奈良県経済会館 407 室	0742-25-5660
和歌山県中小企業家同友会	640-8158	和歌山市十二番丁 60-1 デュオ丸の内 2F	073-422-3782
鳥取県中小企業家同友会	683-0804	米子市米原 5-3-20 相野ビル 2F	0859-30-2603
島根県中小企業家同友会	690-0056	松江市雑賀町 227	0852-59-5970
岡山県中小企業家同友会	700-0936	岡山市北区富田 29	086-222-7473
広島県中小企業家同友会	730-0037	広島市中区中町 8-18 広島クリスタルプラザ 8F	082-241-6006
山口県中小企業家同友会	753-0211	山口市大内長野 776-2	083-941-5741
香川県中小企業家同友会	761-0301	高松市林町 2217-15 香川産業頭脳化センタービル 4F	087-869-3770
徳島県中小企業家同友会	770-8056	徳島市問屋町 43	088-657-7363
愛媛県中小企業家同友会	790-0003	松山市三番町 1-11-10 ISSEI ビル 301 号	089-948-9920
高知県中小企業家同友会	780-0082	高知市南川添 14-10 中尾ビル 2F	088-882-5581
福岡県中小企業家同友会	812-0046	福岡市博多区吉塚本町 9-15 福岡県中小企業振興センタービル 11F	092-686-1234
佐賀県中小企業家同友会	840-0015	佐賀市木原 3-15-1 ㈱ギョートク内	0952-27-7856
長崎県中小企業家同友会	850-0875	長崎市栄町 1-20 大野ビル 5F	095-822-0680
熊本県中小企業家同友会	860-0834	熊本市南区江越 2-1-7	096-379-8101
大分県中小企業家同友会	870-0888	大分市三ヶ田町 3-4 ステラ・コルテ２Ｆ	097-545-0755
宮崎県中小企業家同友会	880-0915	宮崎市恒久南 3-3-2 恒吉ビル 2F	0985-50-3665
鹿児島県中小企業家同友会	890-0056	鹿児島市下荒田 3-44-18 のセビル 201 号	099-259-1070
沖縄県中小企業家同友会	901-0152	那覇市字小禄 1831-1 沖縄産業支援センター 603 号	098-859-6205

求人票や雇用契約書に書くことを
まとめ直すだけで手間なく簡単にできる
就業規則のつくり方

平成31年3月10日　初版発行
令和元年5月20日　初版3刷

検印省略

監　　修	中小企業家同友会全国協議会
著　　者	藤　浦　隆　英
	林　　　哲　也
発 行 者	青　木　健　次
編 集 者	岩　倉　春　光
印刷・製本	文　唱　堂　印　刷

〒101-0032
東京都千代田区岩本町1丁目2番19号
https://www.horei.co.jp/

（営　　業）　TEL　03-6858-6967　　Eメール　syuppan@horei.co.jp
（通　　販）　TEL　03-6858-6966　　Eメール　book.order@horei.co.jp
（編　　集）　FAX　03-6858-6957　　Eメール　tankoubon@horei.co.jp
（バーチャルショップ）　https://www.horei.co.jp/iec/
（お詫びと訂正）　https://www.horei.co.jp/book/owabi.shtml

※万一、本書の内容に誤記等が判明した場合には、上記「お詫びと訂正」に最新情報を掲載しております。ホームページに掲載されていない内容につきましては、FAXまたはEメールで編集までお問合せください。

・乱丁、落丁本は直接弊社出版部へお送りくだされば お取替え致します。
・JCOPY ＜出版者著作権管理機構 委託出版物＞
　本書の無断複製は著作権法上での例外を除き禁じられています。複製される場合は、そのつど事前に、出版者著作権管理機構（電話03-5244-5088、FAX03-5244-5089、e-mail：info@jcopy.or.jp）の許諾を得てください。また、本書を代行業者等の第三者に依頼してスキャンやデジタル化することは、たとえ個人や家庭内での利用であっても一切認められておりません。

Ⓒ The National Conference of Association of Small Business
Entrepreneurs 2019. Printed in JAPAN
ISBN 978-4-539-72664-8